河南省农业广播电视学校
河南省农民科技教育培训中心　组编

农产品市场营销实务

石晓华　刘超良　主编

中原农民出版社
·郑州·

本书作者

主　编　石晓华　刘超良

副主编　职明星　阎庆华　张龙静

参　编　付庆云　杨云鹤　徐亚娜

图书在版编目（CIP）数据

农产品市场营销实务/石晓华，刘超良主编．—郑州：中原农民出版社，2015.10（2019．4重印）

ISBN 978－7－5542－1325－4

Ⅰ．①农…　Ⅱ．①石…　②刘…　Ⅲ．①农产品市场—市场营销学　Ⅳ．①F762

中国版本图书馆CIP数据核字（2015）第252352号

出版：中原农民出版社
（地址：郑州市郑东新区祥盛街27号　电话：0371－65788656
邮政编码：450016）
发行单位：全国新华书店
承印单位：河南创智印务有限公司
开本：787mm×1092mm　1/16
印张：10
字数：194千字
版次：2016年3月第1版　**印次：**2019年4月第2次印刷

书号：ISBN 978－7－5542－1325－4　**定价：**20.00元

编写说明

《农产品市场营销实务》以农业经济的现状为基础，以菲利普·科特勒的市场营销理论为指导。通过7个模块18个学习任务，介绍了农产品营销的市场概念、产品生命、定价方式、营销渠道、促销策略、营销理论知识，以及营销策划书的编写等内容。全书近三分之一篇幅为农产品营销实际案例以及引申阅读的小知识版块。

本教材紧密结合农村和农产品营销实际，注重理论知识的学习与实际操作训练的结合，讲练结合，学以致用。突出模块化、微阅读形式。既可作为新型职业农民培训教材使用也可作为农产品经营者参考使用。

因本书编写需要，本书引用了一些专家、学者的研究成果，以及一些网络信息等，在此编者谨向被参考、引用资料的单位和个人以及给予本书指导与帮助的所有人致以衷心的感谢。

由于编者水平有限，编写任务紧，书中错误疏漏和不当之处难免，敬请读者和同行批评指正。

编　者

2015年9月

目录

模块一
了解市场及市场营销

【学习目标】

1. 了解市场、市场营销的概念和基本要素等。
2. 掌握市场营销的作用、类型和方式。
3. 熟悉市场的功能。
4. 理解市场营销是价值的增值过程。

学习任务1　了解市场

一、市场的概念

1. 市场的定义

什么是市场？对于非专业人士来说，习惯将市场看作是买卖的场所，如农贸市场、商场、购物中心、批发市场、网上商城，等等。但这只是一个大众心理的概念。这与狭义的市场概念基本吻合，即市场指商品交换的场所。

市场是人类商品交换活动的产物，正如经济史学家诺斯所说：市场作为一种基本经济范畴，有着悠久的历史，是人类社会发展到一定阶段的必然产物。中国古时有对市场的描述："日中为市，致天下之民，聚天下之货，交易而退，各得其所。"（《易经·系辞下》）

现代营销学之父——菲利普·科特勒对市场的解释是："市场由一切具有特定欲望和需求，并且愿意和能够以交换来满足这些需求的潜在顾客所组成。"

我们可以认为市场是经济社会中经营者与消费者之间实现产品（或服务）价值交换的关系、条件和过程的场所。

经营者的产品必须经过市场交易（交换）给消费者，才能实现产品的价值。

2. 市场的基本条件

（1）消费者　他们有某种需求或欲望，并拥有可供交换的资源。

（2）经营者　他们能够提供满足消费者需要的产品或服务。

（3）实现交换的条件　如双方接受的价格、时间、空间、信息、方式等。

3. 市场的基本结构

如下图所示。从图中可以看出经营者与消费者之间通过四个流程进行连接，内环的钱物交换和外围的信息交换。即经营者将产品/服务通过市场，并与消费者沟通，交给消费者；消费者将货币支付给经营者，并反馈其相关信息给经营者。

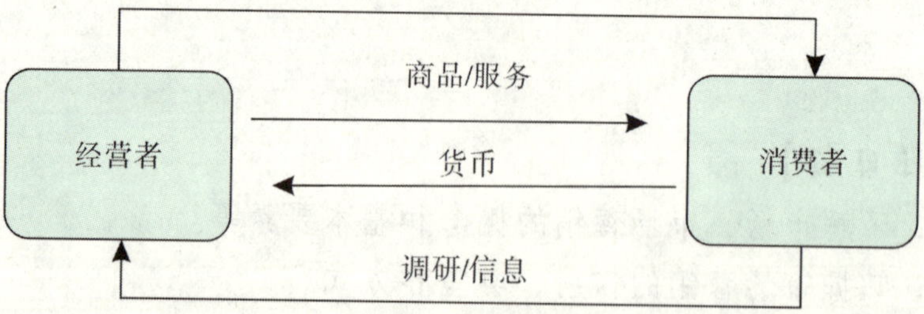

市场的基本结构

在现实生活中，由于存在无数分工、无数需求、无数经营者及无数消费者，以及多种的交换形式、交换空间、交换规模等，市场形成了相互连接的复杂而庞大的系统。

可见，市场是一个关系我们每一个人生活的庞大而复杂的社会生态系统。

小知识　现代营销学之父——菲利普·科特勒

生于1931年的菲利普·科特勒是现代营销集大成者。现任美国西北大学凯洛格管理学院终身教授，美国芝加哥大学经济学硕士、麻省理工学院经济学博士、哈佛大学数学专业和芝加哥大学行为科学专业博士后。他是美国市场营销协会设立的“杰出营销学教育工作者奖”的第一位获奖人，还获得过欧洲咨询与销售培训者联合会颁发的“营销卓越贡献奖”。他被誉为“现代营销学之父”“营销界的爱因斯坦”。

科特勒一直致力于营销战略与规划、营销组织、国际市场营销及社会营销的研究，他的最新研究领域包括：高科技市场营销，城市、地区及国家的竞争优势研究等。他创造的一些概念，如“反向营销”和“社会营销”等，被人们广泛应用和实践。

科特勒晚年的事业重点是在中国，1999年底，有着近30年历史的科特勒咨询集团在中国设立了办事机构，为中国企业提供企业战略、营销战略和业绩提升咨询服务。他每年来华六七次，为平安保险、TCL、创维、云南药业集团、中国网通等公司做咨询服务。

二、市场的功能

市场功能指市场本身所具有的客观职能。一个较为完善的市场体系，其主要功能可概括为以下几个方面。

1. 交换功能

这是市场最基本的功能，离开了产品交换，也就谈不上市场的存在。市场交换功能的发挥，使产品经营者得以将自己的产品拿到市场出售，从而获得货币，然后再向其他经营者购买自己所需要的生产资料或者消费资料，实现产品、劳动的交换。

2. 联系功能

市场可以实现不同产品经营者之间的相互联系和经济结合。社会分工越细，市场的这一功能越重要。

现代产品经济条件下，供需矛盾表现为8个方面的隔离，需要通过市场的各项功能，调节解决数据、质量、空间、时间、资金、信息、规格、服务这些隔离。

3. 价值实现功能

在产品经济条件下，产品价值要靠市场来实现。当农产品经营者把产品出售后，所得货币能够补偿生产过程中所耗费的物质和劳动，则产品价值得到了完全的体现；若产品卖不出去，或所得货币不足以补偿物质和劳动耗费，则价值就不能得到实现或不能完全实现，生产过程就会被迫中断或缩小规模。

4. 调节功能

（1）通过竞争，调节产品的供求　某种产品的价格上涨表明该产品供不应求，生产这种产品有利可图，于是经营者便纷纷转而生产这种产品。反之，产品价格下降则表明该产品供大于求，生产这种产品可能会亏本，于是经营者便会压缩这种产品生产或转产别的产品。即通过价值规律的作用，调节生产要素在部门间的配置，使产品供求大体达到平衡。

（2）通过市场竞争的作用，改变生产要素的原有配置格局　即部分较差的经营者在竞争中被淘汰，另一部分较好的经营者在竞争中得到发展，这种优胜劣汰的结果，就会使资源从配置效益较低的地方流向效益较高的地方，使有限的资源得到合理的配置。

5. 服务功能

一个比较成熟和完善的市场体系，它对市场需求者的服务主要体现在两个方面。

（1）面向市场进入者，能顺利完成产品买卖，保证产品交易的顺利进行是他们的目的，为经营者提供所需的各种组织机构则是市场的一大功能。

（2）通过建立如物流、银行、保险机构、信托公司、技术咨询、产品检验部门等服务机构与设施，向市场进入者提供种种便利。

6. 反馈功能

市场每时每刻都在通过供求、价格等反馈各种信息，这些信息就成为农产品经营者掌握市场动向，根据市场需求进行生产或确立营销决策的重要依据。所以，市场行情是整个经济活动的综合反映。

7. 劳动比较功能

通过产品比较来推动生产经营者努力采用新技术、新材料、新方法，不断改善生产经营条件，提高劳动生产率，取得较好的经济效益，促进社会进步。

案例——复杂的中国农产品市场

农产品市场体系，是流通领域内农产品经营、交易、管理、服务等组织系统与结构形式的总和，是沟通农产品生产与消费的桥梁与纽带，是现代农业发展的重要支撑体系之一。

全国农产品批发市场数量大体稳定在4 000家左右，市场年成交额不断提高，2014年达到1万亿元；农贸市场数量稳中略降，约为2万多家，但改造步伐加快，露天的马路市场和简易市场逐渐被具有固定场所和设施的规范市场取代；农产品在超市的地位不断凸显，北京、上海、青岛等城市超市农产品销售量已占到当地农产品零售总量的1/2以上；期货市场稳步发展，国家新批准棉花、食糖上市交易，农产品期货交易品种达到10多个，年成交额逾10万亿元以上。农产品经纪人发展到500万左右，成为农产品运销的重要力量；农民专业合作社发展到130多万个，在组织农民统一进入市场、增强竞争力、增加收入方面发挥了重要作用；家庭农场数量得到飞速发展。农业产业化龙头企业发展到5 000多家，带动作用不断增强。

然而，农产品市场环境并不让消费者满意。剧毒农药、兽药的大量使用；添加剂的误用、滥用；各种工业、环境污染物的存在；有害元素、微生物和各种病原体的污染；有害生物和疫病多次发现；生物技术和食品新技术、新工艺的应用带来的可能的负面效应等。近年在市场上曾发现食物加吊白块、鸡鸭饲喂激素、面粉加增白剂、海鲜用甲醛浸泡等，还有在水果上喷施催熟剂、膨大剂，在蔬菜上喷施剧毒农药等案例。农产品安全问题似有愈演愈烈之势，概括起来，有以下三个特点：一是问题农产品的涉及面越来越广。问题农产品已从过去的粮油肉禽蛋菜、豆制品、水产品等传统主副食品，扩展到水果、酒类、南北干货类、奶制品、炒货食品等，呈立体式、全方位态势。二是问题农产品的危害程度越来越深。过去只注意食品细菌总数，现在是深入农产品的农药、化肥、化学品残留。三是制毒制劣手段越来越多样、越来越“深入”，手法越来越隐蔽。从曝光的有毒有害食品看，犯罪分子制毒制假手法花样翻新、五花八门，真是不怕你做不到，就怕你想不到。

【案例解析】

中国农产品市场体系因经济发展的不均衡性具有多样性和复杂性。农产品市场环境很复杂。

学习任务2　了解市场营销

一、市场营销的基本概念

1. 定义

对于大家来说，购买面粉、蔬菜、水果的过程，或是销售自己的小麦、苹果甚至劳动力的过程都是市场营销行为。所以，大家每天都在市场营销系统中生活，每天的许多工作都是市场营销系统的一部分。

对于市场营销，2 400 多年前范蠡就已经开始研究了，形成了一些营销思想和理论，并进行市场营销实践，比如："劝农桑，务积谷""农末兼营""务完物，无息币""平粜各物，关市不乏，治国之道也""夏则资皮，冬则资𫄨，旱则资舟，水则资车，以待乏也"。

现代营销学之父——菲利普·科特勒对市场营销的定义："市场营销是个人和群体通过创造并同他人交换产品和价值以满足需求和欲望的一种社会和管理过程。"

从这个定义中可以归纳出市场营销概念的三个要点：

（1）市场营销的最终目标是"使个人或群体满足需求和欲望"。

（2）"交换"是市场营销的核心，交换是一个主动、积极寻找机会，满足双方需求和欲望的社会过程和管理过程。

（3）交换过程能否实现，取决于营销者创造的产品和价值满足消费者需求的程度和交换过程的管理水平。

小知识　商圣范蠡

范蠡，公元前 536 至公元前 448 年，字少伯，春秋末年楚国人。曾辅佐越王勾践灭吴兴越。功成身退，务农经商。他三次经商成巨富，三散家财，自号陶朱公，乃中国儒商之鼻祖。世人誉之："忠以为国，智以保身，商以致富，成名天下。"形成了很多经商理论和思想。

1. 把握行情，“人取我予”。

范蠡商业经营的最主要目标是“人取我予”，即满足人们生活与生产的需求，这种需求不仅是多方面、多层次的，而且与时令、季节的关系也很密切。他能把握时机，能提供市场最需要的。

2. 让货等人，“待乏贸易”。

范蠡运用农业丰歉循环论，调节物资，进行“待乏贸易”，具体说，就是“夏则资皮，冬则资絺（细葛布），旱则资舟，水则资车，以待乏也”。所谓待乏原则就是让货等人，不要让人等货。要准备别人所没有的或想不到的，这样才能在市场上占据制高点，占据优势。

3. 诚信经商，“不求暴利”。

范蠡经商，不仅善于抓住时机，并且不追求暴利。《史记》记载，范蠡“侯时转物，逐十一之利”。这是非常人性化的主张，符合中国传统思想中经商求“诚信”、求“义”的原则。而且薄利多销，不求暴利，细水长流，日积月累，必成大富。这是范蠡成功的秘诀之一。

4. 因地制宜，多种经营。

范蠡搞经济不是盲目出击，而是精心选择地点，充分发挥自然环境的优势，以求最好的经济效益。他离开越国后，来到齐地，齐地具有良好的从事生产的条件，为范蠡致富奠定了基础。在齐地，他从事农业和海上经营，到陶后，除了经营农产品还倡导多种经营。他曾向鲁国穷士猗顿传授致富经验：子欲速富，应当饲养五种牲畜。他还提倡养鱼，《齐民要术》记载的《养鱼经》传说就是范蠡所作。

5. 注重质量，不图侥幸。

范蠡和计然提出一套“积著之理”，就是贮存货物的原则。他说：“积著之理，务完物，无息币。以物相贸，易腐败而食之货勿留，无敢居贵。”重视货物质量，资金要流通，不图侥幸获利。

6. 埋头苦干，劳动致富。

范蠡充分利用齐地的资源和环境，带领全家人艰苦奋斗。他从越国的上将军一变而成为普通的劳动者，在官为本的时代，多少人仰慕高官厚禄，而范蠡坦然改变身份，埋头苦干，劳动致富，对传统观念做出了大胆的挑战，仅此一点对后人的启迪也是极其深刻的。

7. 尽散其财，富好行德。

范蠡经商思想中最可贵的是“富好行其德”。《史记》记载，范蠡在齐致富后，就曾“尽散其财，以分与知友乡党”；后来经商，“十九年中，三致千金”，但是他把钱又分给贫穷人和远房兄弟，受到人们的高度赞扬。范蠡富有，凭借的是自己的勤奋和智慧，不搞官商勾结，没有假冒伪劣，他又如此慷慨地回报社会，是中国有记载的最早的慈善家。

范蠡被后人尊称为“商圣”，许多生意人都供奉他为“财神”。他为历史发展做出了杰出的贡献。

2. 市场营销的关键词

能够在市场中游刃有余者都是深刻理解了市场营销的核心，市场营销的核心是实现交换。让我们先看看与市场营销相关的重要概念。

（1）需要和欲望　需要和欲望是市场营销活动的起点。需要是人们为了生存必然有吃、穿、住、安全、归属、社会认可等的要求。欲望是指人们想得到满足自己需要的具体产品的愿望。

（2）需求　需求是指人们有能力购买并愿意购买某个产品的欲望。

（3）产品　产品是指能够满足人们需要和欲望的任何东西。包括有形的产品和无形的服务。

（4）价值　价值是消费者对产品满足其需要的整体能力的评价。消费者通常根据对产品价值的主观评价（满足）和支付的费用（价格）来做出购买的决定。

（5）交换　交换是指从他人处取得所需之物，而以自己的某种东西作为回报的行为。人们对满足需要和欲望的形式有多种方式。如：自产自销、乞讨、偷窃、抢劫、交换等。其中，只有交换方式才是互利的、便利的市场营销。

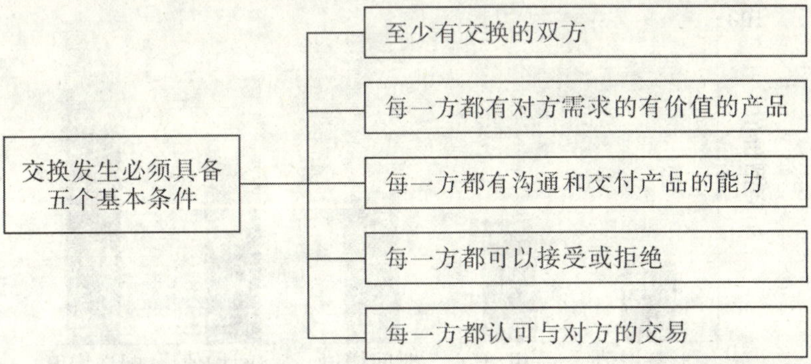

交易是交换的基本组成单位，是双方之间的价值交换。在这个过程中，如果双方达成一项协议，我们就称之为发生了交易。交易通常有两种方式：一是货币交易，如甲支付100元给乙方，而得到一袋面粉；二是非货币交易，包括以物易物、以劳务易劳务的交易等。

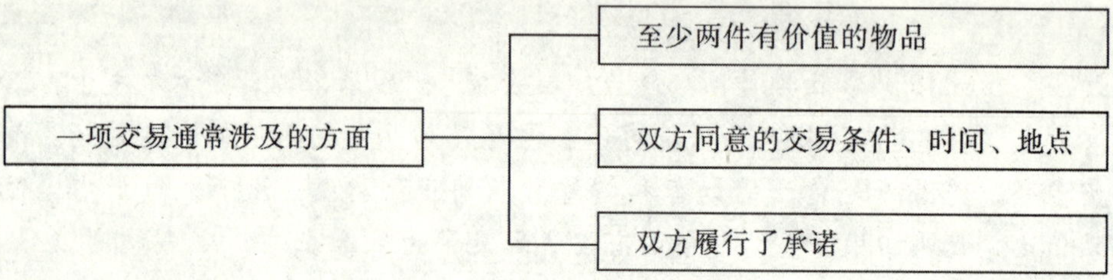

二、农产品市场营销的增值过程

消费者一年四季都需要农产品，但是农产品生产具有季节性。通过市场营销活动改变了农产品的使用和有效时间的过程就创造了时间效用。从事农产品加工的经营者通过对农产品进行加工、贮藏等措施，在农产品收获时，大量加工贮藏并长期持有农产品，在市场上缺少该农产品时，投放加工贮藏的农产品，实现连续性供给消费者。

我们习惯上将农产品的生产过程和加工过程认为是创造了农产品的价值，这是因为在生产和加工的过程中，农产品的形态发生了显著的变化。而把产品的运输、贮藏、技术的改进、品牌的建设、品质的保证以及售后服务视为无价值的，事实上，这些过程也创造了农产品的价值。也就是说，无论是从事农产品生产的生产者、加工者，还是经销商、运输者、贮藏者等，都是市场的组成部分，都是市场营销的重要一环。因此，这些群体也就是本书所说的经营者。经营者是农产品营销过程中的任何一个环节的营销人员。

我们可以用下图理解市场营销价值的增值过程。

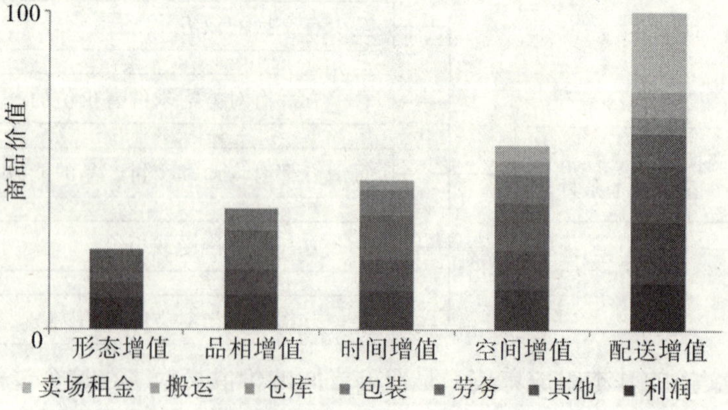

市场营销过程的商品增值过程

三、市场营销观念的演变

市场营销观念是经营者进行市场营销活动时的指导思想和行为准则的总和。经营者的市场营销观念决定了经营者如何看待顾客和社会利益，如何处理经营者、社会和顾客三方的利益协调。经营者的市场营销观念经历了从最初的生产观念、产品观念、推销观念到市场营销观念和社会市场营销观念的发展和演变过程。

1. 生产观念

生产观念流行于 19 世纪末 20 世纪初。该观念认为，消费者喜欢那些可以随处买到而且价格低廉的商品，经营者应当致力于提高生产效率和扩大分销范围，增加产量，降低成本。显然，生产观念是一种重生产、轻营销的指导思想，其典型表现就是“我们生产什么，就卖什么”。

2. 产品观念

产品观念认为，消费者喜欢高质量、多功能和具有某些特色的产品。因此，经营者应致力于生产优质产品，并不断加以改进。在这种观念的指导下，经营者常常迷恋自己的产品，而可能导致营销者患上“营销近视症”，以至于没有意识到产品可能并不迎合市场需求，甚至市场正朝着不同的方向发展。坚守“酒香不怕巷子深”就是产品观念的很好例证。

3. 推销观念

推销观念产生于资本主义经济由“卖方市场”向“买方市场”的过渡，盛行于 20 世纪 30 ~ 40 年代。该理念认为，消费者通常有一种购买惰性或抗衡心理，若听其自然，消费者就不会自觉地购买或大量购买经营者的产品，因此经营者管理的中心任务是积极推销和大力促销，以诱导消费者购买产品。其具体表现是：“卖我们所生产出来的产品”，而不是“生产我们所能卖的产品”。在推销观念的指导下，经营者想象产品是“卖出去的”，而不是“被买去的”。他们致力于产品的推广和广告活动，以求说服，甚至强制消费者购买。

4. 市场营销观念

市场营销观念形成于 20 世纪 50 年代。该理念认为，实现经营者目标的关键在于明确目标市场的需要和欲望，一切以消费者为中心，并且比竞争对手更有效、更有利地传送目标市场所期望满足的东西。所以市场营销观念是以满足消费者需求为出发点的，即“消费者需要什么，就生产什么”，“发现需要并满足它们”，而不是“生产产品并设法销售出去”。

5. 社会市场营销观念

从 20 世纪 70 年代起，随着西方资本主义社会出现能源短缺、通货膨胀、失业增加、环境污染严重、消费者保护运动盛行的新形势，社会上要求经营者顾及消费者整体利益和社会长远利益的呼声越来越高。这时候提出了社会市场营销理念，该理念的基本核心思想是：以实现消费者满意以及消费者和社会公众的长期福利作为经营者的根本目的与责任。即尽量达到消费者、社会和经营者三者利益的平衡。

案例——市场营销让鸡蛋变成了鸡肉

鸡蛋本身就是高营养的食物原料，可以直接满足消费者的需要，为什么还要将鸡蛋变成肉呢？显然，那不仅是因为市场需要的结果，还有鸡蛋经营者需要的结果。消费者希望得到多样化的食物，不但需要鸡蛋，还需要鸡肉。经营者为了获得更高的收益，不仅向市场供应鸡蛋，还要将供大于求的鸡蛋变成鸡肉并获得更高的收益，所以市场营销就发展起来了。鸡蛋是如何通过市场营销变成鸡肉呢？

养殖场将鸡蛋和饲料等变成鸡的过程中改变了鸡蛋和饲料等的形态，为市场提供了鸡肉的原料——鸡。满足了消费者对鸡肉的需求，创造了鸡肉形态的价值。

案例解析

由于存在下列问题：养殖场供应鸡肉是分批供应与消费者是天天消费的问题；养殖场供应的活鸡与消费者购买的鸡肉之间的隔离问题；产品供应的周期性和需求的连续性问题。这些问题需要通过营销过程将活鸡转变为鸡肉，实现产品的便捷供应，即产品的获取价值。

在这一营销过程中，经过了活鸡加工成鸡肉，鸡肉的包装、冷库贮藏、物流运输、市场销售等环节，这些环节创造了形态价值的增值、时间价值的增值、空间价值的增值以及配送价值的增值等。

可见，无论产品的生产者还是市场的营销者都是创造最终消费产品不可或缺的群体，每一个群体都是创造了消费者愿意为之付费的价值，每个群体在现实市场中都是生产性的，都创造了价值。

了解了鸡蛋到鸡肉的过程，就明白了市场营销是一个价值增值的过程。

思考与练习

1. 简述题

   简述市场的功能。

   简述市场营销观念的演变过程。

2. 思考题

   为什么说市场营销是价值增值的过程？

模 块 二
认识农产品及农产品市场营销

【学习目标】

1. 了解农产品及农产品市场的概念和农产品的特点及等级。
2. 掌握无公害农产品、绿色食品、有机食品的标准等。
3. 熟悉农产品市场及市场营销的特点、农产品市场营销的流程等。
4. 理解农产品等级认证的意义。

学习任务1　认识农产品

一、农产品的概念、种类和特点

1. 农产品的概念

农产品是指来源于农业的初级产品，即在农业活动中获得的植物、动物、微生物及其产品。

2. 农产品的种类

国家规定初级农产品是指种植业、畜牧业、渔业产品，不包括经过加工的这类产品。其包括以下十二大类型：烟叶；毛茶；食用菌；花卉、苗木；药材；粮油作物；牲畜、禽、兽、昆虫、爬虫、两栖动物类；水产品；林业产品；其他植物；以及上述所列农产品还应包括种子、种苗、树苗、竹秧、种畜、种禽、种蛋、水产品的苗或种（秧）、食用菌的菌种、花籽等。

3. 农产品的特点

（1）食品的原料　农产品生产中，大部分是将原料直接或进行非常简单的加工后进行出售，如长豆角打捆后，直接进入市场进行销售。因此经营者经营农产品原料获得的效益会非常低。

（2）低廉的价值　与其他产品相比，农产品较为笨重，在产品流动的过程中，又需要投入较多的劳动、运输成本等，但价值又极为低廉。如一车小麦的价值远远低于一车电视机或洗衣机的价值，更没有办法与网上下载的程序相比。因此，农产品经营者的收益也是非常少的。

（3）易变质的产品　农产品作为有生命的生物产品，如果不被及时使用，最终都会变质腐坏。因此，必须在一定的时间内进行销售，否则就会丧失其价值。对农产品经营者来说，如果不能适时出售农产品，将影响到其基本的生存问题。

（4）不稳定的品质　农产品的生产受到光、温、水、病、虫、天气等自然条件的影响，农产品的产量、品质、品相等得不到保证。对农产品经营者来说，难以提前与消费者签订供货合同。农产品经营者承担了巨大的风险。

（5）不易变的产量　农产品的生产规模受环境条件的制约，生产周期又很长。一旦错过了进入生产周期，生产的数量即基本确定，难以适应需求的变化。农产品的价格剧烈变化导致经营者的收益变化无常。

（6）生产的季节性　大部分农产品的生产具有高度的季节性特点。要求农产品的经营者要么具有强大运输及销售能力，要么具有强大的收贮能力，才能保证农产品的安全经营。强大的运输或收贮设备往往只是短暂的超负荷的利用，一年之中，可能大部分时间都是闲置。高投入低利用，是农产品经营者的沉重负担。

“蒜”你狠、“姜”你军、“豆”你玩、“苹”什么、“糖”高宗、“药”你苦、“辣”翻天、“玉米”疯、养猪死、猪上天、白菜亡、萝卜坑，等等，这些现象揭示出的农产品上上下下的价格，让多少农产品经营者欲哭无泪、痛不欲生、乐极生悲。

二、农产品的等级

随着经济的发展，人们对食材的品质越来越重视。目前，针对生产环节设置的不同的要求标准，将农产品分为普通农产品、无公害农产品、绿色食品、有机食品等四个等级。普通食品、无公害食品、绿色食品和有机食品的质量要求由低到高。基本区别见下表：

不同农产品（食品）质量等级的特点及区别

分类	农药	化肥	生长激素	申报信息网址
普通农产品	不限制使用	不限制使用	不限制使用	
无公害农产品	限制使用	限制使用	不限制使用	http：//www. aqsc. agri. cn
绿色食品	限制使用	限制使用	限制使用	http：//www. greenfood. agri. cn
有机食品	禁止	禁止	禁止	http：//www. ofcc. org. cn

（一）普通农产品

没有通过认证的农产品，均称为普通农产品。在农产品生产过程中，因缺乏相应的标准及质量认证，生产环节可能使用了化肥、农药、生长激素等，导致产品质量可能存在安全隐患。当然，普通农产品并非一定存在质量问题。

（二）无公害农产品

1. 无公害农产品的概念

无公害农产品是指产地环境符合无公害农产品的生态环境质量，生产过程符合规定的农产品质量标准和规范，有毒、有害物质残留量控制在安全质量允许范围内，安全质量指标符合《无公害农产品（食品）标准》的农、牧、渔产品（食用类，不包括深加工的食品），经专门机构认定，许可使用无公害农产品标识的产品。

2. 无公害农产品的标志

无公害农产品标志图案由麦穗、对勾和“无公害农产品”字样组成，麦穗代表农产品，对勾表示合格，金色寓意成熟和丰收，绿色象征环保和安全。该标志由农业部和中国国家认证认可监督管理委员会（简称国家认监委）联合制定并发布，由农业部农产品质量安全中心监制，是施加于获得全国统一无公害农产品认证的产品或产品包装上的重要证明性标识。其使用涉及政府对无公害农产品质量的保证和对生产者、经营者及消费者合法权益的维护，是国家有关部门对无公害农产品进行有效监督和管理的重要手段。

3. 无公害农产品的标准

无公害农产品标准是无公害农产品认证和质量监管的基础，其结构主要由环境质量、生产技术、产品质量标准三部分组成。其中，产品标准、环境标准和生产资料使用准则为强制性国家及行业标准，生产操作规程为推荐性国家行业标准。

（1）环境质量　环境质量评价应从调查无公害农产品基地的环境条件（空气、灌溉水、土壤）入手，搜集评价所需信息，按国家或行业标准相关要求，选定评价因子、评价模型、评价标准，对基地环境质量状况进行综合评定，从而正确评价无公害农产品生产环境质量状况，为无公害农产品生产基地的有效开发提供环境质量依据。

（2）生产技术　无公害化生产是清洁生产的初级阶段，也是适合中国国情的主要生产方式，包括耕地净化、品种优质高抗、投入品无害化、栽培管理等关键技术、检测与加工等配套技术。只有严格执行关键技术规范，合理运用配套技术，才能生产出真正的无公害农产品。

（3）产品质量标准　主要国家标准有《无公害蔬菜安全要求》《无公害蔬菜产地环境要求》《无公害水果安全要求》《无公害水果产地环境要求》《无公害畜禽肉产品安全要求》《无公害畜禽肉产品产地环境要求》《无公害水产品安全要求》《无公害水产品产地环境要求》。

4. 无公害农产品的认证

无公害农产品认证是为保障农产品生产和消费安全而实施的政府质量安全担保制度，属于政府行为、公益性事业，不收取任何费用。

无公害农产品认证采取产地认定与产品认证相结合的方式。产地认定主要解决产地环境和生产过程中的质量安全控制问题，是产品认证的前提和基础；产品认证主要解决产品安全和市场准入问题。无公害农产品产地认定与产品认证审批事项是对申报种植业、畜牧业无公害农产品产地认定与产品认证项目进行审核，审核其产地环境、生产过程、产品质量是否符合农业部无公害农产品相关标准和规范的要求。

（三）绿色食品

1. 绿色食品的概念

绿色食品在中国是对具有无污染的安全、优质、营养类食品的总称，是指按特定生产方式生产，并经国家有关专门机构认定，准许使用绿色食品标志的无污染、无公害、安全、优质、营养型的食品。类似的食品在其他国家被称为有机食品、生态食品或自然食品。

2. 绿色食品的等级

绿色食品标准分为两个技术等级，即AA级绿色食品标准和A级绿色食品标准。

（1）AA级绿色食品　AA级绿色食品标准要求：生产地的环境质量符合《绿色食品产地环境质量标准》，生产过程中不使用化学合成的农药、肥料、食品添加剂、饲料添加剂、兽药及有害于环境和人体健康的生产资料，而是通过使用有机肥、种植绿肥、作物轮作、生物或物理方法等技术，培肥土壤、控制病虫草害、保护或提高产品品质，从而保证产品质量符合绿色食品产品标准要求。

（2）A级绿色食品　A级绿色食品标准要求：生产地的环境质量符合《绿色食品产地环境质量标准》，生产过程中严格按绿色食品生产资料使用准则和生产操作规程要求，限量使用限定的化学合成生产资料，并积极采用生物学技术和物理方法，保证产品质量符合绿色食品产品标准要求。

3. 绿色食品的标志

绿色食品标志由特定的图形来表示。绿色食品标志图形由三部分构成：上方的太阳、下方的叶片和中间的蓓蕾，象征自然生态。标志图形为正圆形，意为保护、安全。颜色为绿色，象征着生命、农业、环保。

AA 级绿色食品标志与字体为绿色，底色为白色；A 级绿色食品标志与字体为白色，底色为绿色。

A级绿色食品标志（左）；
AA级绿色食品标志（右）

4. 绿色食品的申请范畴

绿色食品标志是中国绿色食品发展中心 1996 年 11 月 7 日经国家工商局下属的商标局核准注册的中国第一例证明商标。

概括地说，可以申请使用绿色食品标志的一类是食品，如粮油、水产、果品、饮料、茶叶、畜禽蛋奶产品等，包括：①按国家商标类别划分的第 5、29、30、31、32、33 类中的大多数产品均可申请认证；②以“食”或“健”字登记的新开发产品可以申请认证；③经卫生部公告，既是药品也是食品的产品可以申请认证；④暂不受理油炸方便面、叶菜类酱菜（盐渍品）、火腿肠及作用机制不甚清楚的产品（如减肥茶）的申请；⑤绿色食品拒绝转基因技术。由转基因原料生产（饲养）加工的任何产品均不受理。

另一类是生产饲料，主要是指在生产绿色食品过程中的物质投入品，如农药、肥料、兽药、水产养殖用药、食品添加剂等。

具备一定生产规模、生产设施条件及技术保证措施的食品生产经营者和生产区域还可以申报绿色食品基地。

5. 绿色食品的标准

绿色食品标准是由农业部发布的推荐性农业行业标准（NY/T），是绿色食品生产经营者必须遵照执行的标准。绿色食品标准以全程质量控制为核心，由以下六个部分构成。

（1）绿色食品产地环境质量标准　制定这项标准的目的，一是强调绿色食品必须产自良好的生态环境地域，以保证绿色食品最终产品的无污染、安全性。二是促进对绿色食品产地环境的保护和改善。绿色食品产地环境质量标准规定了产地的空气质量标准、农田灌溉水质标准、渔业水质标准、畜禽养殖用水标准和土壤环境质量标准的各项指标，以及浓度限值、监测和评价方法，提出了绿色食品产地土壤肥力分级和土壤质量的综合评价方法。

（2）绿色食品生产技术标准　绿色食品生产技术标准是绿色食品标准体系的核心，包括绿色食品生产资料使用准则和绿色食品生产技术操作规程两个部分。绿色食品生产资料使用准则是对生产绿色食品过程中物质投入的一个原则性规定，它包括生产绿色食品的农药、肥料、食品添加剂、饲料添加剂、兽药和水产养殖药的使用准则，对允许、限制和禁止使用的生产资料及其使用方法、使用剂量等做出了明确规定。绿色食品生产技术操作规程是以上述准则为依据，按作物种类、畜牧种类和不同农业区域的生产特性分别制定的，用于指导绿色食品生产活动，规范绿色食品生产技术的技术规定，包括农产品种植、畜禽饲养、水产养殖等技术操作规程。

（3）绿色食品产品标准　此项标准是衡量绿色食品最终产品质量的指标尺度。其卫生品质要求高于国家现行标准，主要表现在对农药残留和重金属的检测项目种类多、指标严。而且，绿色食品使用的主要原料必须是来自绿色食品产地、按绿色食品生产技术操作规程生产出来的产品。

（4）绿色食品包装标签标准　此项标准规定了绿色食品产品包装时应遵循的原则，包装材料选用的范围、种类，包装上的标识内容等，要求产品包装从原料、产品制造、使用、回收和废弃的整个过程都应有利于食品安全和环境保护，包括包装材料的安全、牢固性，节省资源、能源，减少或避免废弃物产生，易回收循环利用，可降解等具体要求和内容。绿色食品产品标签，除要求符合国家《食品标签通用标准》外，还要求符合《中国绿色食品商标标志设计使用规范手册》的规定。

（5）绿色食品贮藏运输标准　此项标准对绿色食品贮运的条件、方法、时间做出了规定，以保证绿色食品在贮运过程中不遭受污染、不改变品质，并有利于环保、节能。

（6）绿色食品其他相关标准　包括“绿色食品生产资料”认定标准、“绿色食品生产基地”认定标准等。

（四）有机食品

1. 有机食品的概念

有机食品，是指按照这种方式生产和加工的；产品符合国际或国家有机食品要求和标准；并通过国家有机食品认证机构认证的一切农副产品及其加工品，包括粮食、食用油、菌类、蔬菜、瓜、果、干果、奶制品、禽畜产品、蜂蜜、水产品、调料等。

有机食品标志

有机食品的主要特点是来自于生态良好的有机农业生产体系。有机食品的生产和加工不使用化学农药、化肥、化学防腐剂等合成物质，也不用基因工程生物及其产物。因此，有机食品是一类真正自然、富营养、高品质和安全环保的生态食品。

2. 有机食品的标志

中国有机食品标志图案采用人手和叶片为创意元素。其一，是一只手向上持着一片绿叶，寓意人类对自然和生命的渴望；其二，是两只手一上一下握在一起，将绿叶拟人化为自然的手，寓意人与自然和谐美好的生存关系。该标志是施加于经农业部所属中绿华夏有机食品认证中心认证的产品及其包装上的证明性标识。

3. 食品等级区别

从本质上来讲，绿色食品是从普通食品向有机食品发展的一种过渡产品。有机食品与其他食品的区别体现在以下几方面。

一是有机食品在其生产加工过程中绝对禁止使用农药、化肥、激素等人工合成物质，并且不允许使用基因工程技术；而其他食品则允许有限地使用这些技术，且不禁止基因工程技术的使用。例如，绿色食品对基因工程和辐射技术的使用就未作规定。

二是生产转型方面，从生产其他食品到有机食品需要2~3年的转换期，而生产其他食品（包括绿色食品和无公害食品）没有转换期的要求。

三是数量控制方面，有机食品的认证要求定地块、定产量，而其他食品没有如此严格的要求。

因此，生产有机食品要比生产其他食品难得多，需要建立全新的生产体系和监控体系，采用相应的病虫害防治、地力保护、种子培育、产品加工和储存等替代技术。

4. 有机食品的认证要求

有机食品要求来自于有机农业生产体系，根据国际有机农业生产要求和相应的标准生产加工，并通过独立的有机食品认证机构认证。

（1）有机食品生产的基本要求

1）生产基地在三年内未使用过农药、化肥等违禁物质。

2）种子或种苗来自自然界，未经基因工程技术改造过。

3）生产单位需建立长期的土地培肥、植保、作物轮作和畜禽养殖计划。

4）生产基地无水土流失及其他环境问题。

5）作物在收获、清洁、干燥、贮存和运输过程中未受化学物质的污染。

6）从常规种植向有机种植转换需两年以上转换期，新垦荒地例外。

7）生产全过程必须有完整的记录档案。

（2）有机食品加工的基本要求

1）原料必须是已获得有机颁证的产品或野生无污染的天然产品。

2）已获得有机认证的原料在终产品中所占的比例不得少于95%。

3）只使用天然的调料、色素和香料等辅助原料，不用人工合成的添加剂。

4）有机食品在生产、加工、贮存和运输过程中应避免化学物质的污染。

5）加工过程必须有完整的档案记录，包括相应的票据。

案例——有机食品的魔力

在赵本山和宋丹丹《公鸡下蛋》的小品里，有这么一句让人捧腹的广告词：“下蛋公鸡，公鸡中的战斗机，噢耶！”而在现实生活中，还确实真有这么一群“金鸡”，它们中一只的“身价”就能贵过一头猪。178元一斤的鸡肉、18元一只的鸡蛋，听起来难以置信。然而，“寿康”鸡却真的出现了供不应求的景象。

“寿康”鸡天价的秘密就在于竹林放养和中药配料。除啄吃虫子和自然散放外，饲料中还掺了中草药，由于中草药配方中含有黄芪、当归、党参、丹参、太子参等数十种名贵中药材，被人称为活的药膳鸡，不论是蛋白质、水解氨基酸含量及微量元素和维生素，与普通鸡相比有很大的提高，而且脂肪含量下降一半，由于“寿康”鸡的饲料里不含抗生素、激素和色素，所以与普通鸡不同，也没有普通鸡存在的药物残留现象，烧煮上不须添加姜、葱、黄酒、味精等任何作料，只要放一点食盐便可食用。不仅具有土鸡的营养价值，而且具有保健品的滋补功能，备受消费者的青睐。

大多数农产品对生产加工技术等要求不高，一般人都容易掌握，往往一个新产品、新品种刚刚问世不久，大家都跟风一哄而上，你也生产，他也生产，供大于求，产品质量也良莠不齐，只能贱卖，这样的事例太多了。

安吉天壤科技咨询有限公司总经理高健说，当初之所以选择中草药养鸡，是因为中草药养鸡这门养殖技术相对要求比较高，一般养殖户想要模仿也有一定难度。而且，我认为，别人没有尝试过的，往往隐藏着巨大的商机。“寿康”鸡的成功，打破了千百年来农村养殖业的陈旧观念与模式，通过“先做品牌再谋市场”的路径，它彻底改变了优质家禽“低价贱卖”的命运。现在，我们还开发了“寿康”系列产品，目的就是要让“寿康”商标品牌价值不断攀升。

“寿康”鸡到底可以卖多少价钱？在“寿康”鸡正式推向市场前，关于“寿康”鸡的价格定位，尽管许多专业人士帮助出谋划策，也还是难以突破农产品传统价格定位的束缚。就在这个时候，我在一张报纸上看到了一篇报道国外关于产品市场定位方面的文章，这对我启发很大。所谓精品，就是质量绝对要好，数量不一定要多，否则就失去了精品的价值和意义，要让产品“物以稀为贵”。于是，我就决定打破常规，改变农产品价格定位低的格局，要把吃“寿康”鸡的人定位于白领阶层，不在量上求突破，只在质上求提高。而且每年我只养1万只，多一只也不养，要营造一个不饱和的市场。现在，“寿康”鸡已经成为江浙沪地区高档饭店的特色保留菜，客人要提前一个月预定才能一品它的鲜汁美味。

案例解析

只要牌子硬，东西好，不愁没有人要。对一部分消费群体来说，讲究的是消费质量和品位，就是让他们觉得“寿康”鸡货真价高，花高价吃也值得。这位把鸡卖出天价的人，就是安吉天壤科技咨询有限公司总经理高健。从下岗到自谋职业，从中草药养鸡到卖出天价鸡，在这个过程中，他一直坚持着自己的理念："要把平凡的事变成不平凡，其实主要就是要看自己有没有想法。"

（资料来源：http：//www. tech－food. com/news/2008－6－23/n0187659. htm）

学习任务 2　认识农产品市场营销

一、农产品市场基本知识

（一）农产品市场的定义

人类从使用工具开始脱离了动物界。社会分工导致了剩余产品的出现及其产品交换，而随着分工与专业化程度的加深，产品交换的常态化促进了市场的突现和扩展。市场起源于社会分工与产品交换的需求，而人类最初发展是从农业开始的，可见农产品的市场是发展最早的市场。

农产品市场是农业经济发展的客观产物，我们不难想象，农产品市场是指进行农产品交换的场所。生产者出售自己生产的农产品和消费者购买自己所需的农产品，要有供他们进行交换的场所，这种交换农产品的场所就形成了农产品市场。

按照现代市场营销学可以这样理解，农产品市场是指农产品流通领域交换关系的总和。它不仅包括各种具体的农产品市场，还包括农产品交换中的各种经济关系。如农产品的交换原则与交换方式，各方在交换中的地位、作用和相互联系，农产品流通渠道与流通环节，农产品供给和需求的宏观调控等。

小知识　农贸市场

农贸市场是指用于销售蔬菜、瓜果、水产品、禽蛋、肉类及其制品、粮油及其制品、豆制品、熟食、调味品、土特产等各类农产品和食品的以零售经营为主的固定场所。也指农村中临时或定期买卖农副业产品和小手工业产品的市场，例如农村的赶集或集会。

农贸市场又称农贸自由市场，或自由市场，是指在城乡设立的可以进行自由买卖农副产品的市场。如今的农贸自由市场是中国 20 世纪 80 年代改革开放的产物。改革开放初期，中国在农村和城市恢复了曾被视为"资本主义尾巴"的农贸自由市场。饱受短缺经济困扰和国营菜店冷落的老百姓，以一种欣喜的心情接受农贸自由市场的到来。在农贸自由市场上，可以买到新鲜的农副产品，允许顾客自己挑选偏好的农副产品，可以议价；在摊贩之间形成了竞争关系，价格可以随行就市。随着农贸自由市场在全国的发展，很快就把国营的蔬菜店和副食店挤垮了。

农贸市场具有明显的经济属性，作为城乡居民“菜篮子”商品供应的主要场所，它也具有社会性和很强的公益性。就其社会地位而言，农贸市场与其他市场业态的功能相比，社会价值的取向更能体现政府形象，政府通常将其作为“民生工程”“再就业工程”“三农问题”等工作的平台，以此促进城市发展，展示城市形象，构建和谐社会。

农贸市场作为一种传统的市场业态，存在很多制约其健康稳定发展的因素，有硬件的因素，也有软件的因素。这些因素无论在大城市发展成熟的市场还是在中小城镇发展滞后的市场都具有很多共性，主要制约因素如下：

（1）市场基础设施陈旧　很多农贸市场建设年限已久，建筑物显得十分陈旧，场内摊档位破旧，有的甚至是临时搭建的摊位；市场的水电设施和排污设施已经不能满足现代市场经营的需要，它已经成为影响市场形象的因素。

（2）市场业态配置和布局不合理　这属于制约市场发展的硬件因素。很多市场自从建立以来，其业态配置和布局就很少根据市场消费环境变化而进行科学有效的调整，有的市场更是因此显得经营惨淡。

（3）市场收益率低　农贸市场带有很大部分公益性质，为实现政府所要求的“菜篮子”工程建设，市场建设的资金投入往往是投入大、收入小，致使市场日渐破败，甚至改造升级后其经济效益不升反降。农贸市场盈利模式单一，其经营收入以租金收入为主，由于市场租金提升有限，市场经营规模难以扩大，成为其运行利润低下的主要原因。

（4）市场竞争加剧，新型市场业态分走客源　随着城市的大型超市、购物广场、连锁专卖店、生鲜超市、便利店的增加，以及部分农贸市场实行“农改超”，它们以其优越的地理位置，优质的服务，整洁的环境，齐全的商品吸引着大批经营户和消费群体，这对传统农贸市场，特别是购物环境较差的市场造成很大的冲击。

（5）人才制约农贸市场行业的发展 有一流的人才才有一流的经营管理。一直以来，人们认为农贸市场行业是一个“夕阳”行业，认为农贸市场低层次、环境脏乱差、发展前景有限，导致农贸市场长期以来吸引不了专业的人才。没有了一流的人才，一方面使市场的经营缺乏战略性规划，另一方面使市场管理人员难以正确理解落实公司的发展措施，执行力不够。

随着消费习惯和生活方式的转变，在经济发达的城市和地区传统农贸市场将逐步退出市场舞台。目前，深圳、广州、上海等地区在城市商业发展规划中已不再规划新的农贸市场，而以其他新型业态取而代之，对已有的农贸市场都要求进行升级改造，比如：新型街市、社区服务中心和农改超等。

（二）农产品市场的特点

农产品市场与其他市场相比，具有以下一些特有的性质。

1. 交易的产品具有生活资料和生产资料的双重性质

例如，粮食、果品、蔬菜、蛋禽、棉花等，既是人们日常生活的必需品（生活资料），又分别是食品加工业和棉纺工业所需的原材料（生产资料）。

2. 有供给的季节性和周期性

这主要是由农业生产的季节性和周期性所决定的。因此，农产品市场的货源是随农业生产的季节性而变动，其供给在一年中有明显淡季、旺季之分。农产品生产在数年之中还有丰产、平产、欠产之分。农业生产的这些特点要求对鲜活农产品要及时采购和销售，在农产品供应中克服生产的季节性和周期性，维持均衡供应。

3. 受自然风险和市场风险的双重约束

农业生产是从事有生命的动植物的生长、发育、成熟、收获与储运的全过程，因而具有自然与市场的双重风险。农产品受水、旱、风、雹、冻、热和病虫等自然灾害影响，会造成农产品生产的自然风险；在市场经济条件下，农产品还会因供求关系变化而造成市场风险，并与自然风险交织，形成互为因果、负相关的双重风险。当自然风险小时，农产品因丰收质优量大，价格相应走低，市场风险变大；反之，自然灾害重时，农产品因歉收量少，价格上扬，此时市场风险相对变小。

4. 具有分散—集中—分散的流通轨迹

农户“分散”生产，拿到市场出售时，由经营者收购、储藏、运输、加工等环节进行“集中”，再经批发、零售等环节，最终“分散”到消费者。中国农业实行家庭承包经营体制，由小农户“分散”生产也将长期存在，即使加入农业专业合作社，生产也是“在农村家庭承包经营基础上”由“分散”农户来完成。

5. 应保持供求平衡的基本稳定性

农产品供求平衡且基本稳定，是保证社会稳定和经济发展的基础。因此，对农产品市场的营销活动和农产品价格，既要充分发挥市场机制的调节作用，又要加强宏观调控，以实现市场繁荣和社会稳定两个目标，还可以通过国际贸易进行余缺调剂农产品的丰歉。

（三）农产品市场的分类

从不同的层面划分，农产品市场可分为不同的类型。

按农产品种类划分，可分为种植产品市场、林产品市场、畜产品市场、水产品市场等。

按地域空间划分，可分为国内市场和国际市场。国内市场又可分为农村市场和城镇市场。

按交易规模和类型划分，可分为农产品综合交易市场、专业批发市场、零售市场、城乡农贸市场。

按农产品交易的交割方式划分，可分为现货交易市场和期货交易市场。

二、农产品市场营销的特点

农产品营销的特点和其他产品营销有很多相似性，但因其生产特点、产品特性和消费特点不同，又有与众不同的营销特点。

1. 农产品的生物性、鲜活性

农产品大多是生物性产品，如大米、面粉、蔬菜、瓜果、蛋禽、牛奶、花卉等，具有鲜活性、易腐性，并容易失去其鲜活性。如花卉、鱼、鲜牛奶等，存放时间很短。农产品一旦失去鲜活性，价值就大打折扣。

2. 消费需求的普遍性、大量性和连续性

人们对农产品的消费需求是生存的最基础的需求，农产品的基础性决定了其在需求上具有普遍性，它在满足人们生活基本需求、美化人们的生活等方面发挥着不可替代的作用。而且，数量巨大的人口，决定了对农产品需求的大量性。

另外，由于农产品是人们日常生活所必需的，虽然其生产具有季节性，但农产品的消费却是均衡的，无论是人们的日常消费，还是作为工业生产的原料，是常年和连续的。

3. 农产品品种繁多且可替代性强

一方面，农产品种类规格繁多，无以计数；另一方面，由于农产品的基本功能相似，所含的基本成分类似和基本用途相同，从而造成了农产品之间具有很强的替代性，这些都决定了农产品贸易的复杂性和难度。比如，白菜价格高涨，萝卜的需求就会增加。因此，农产品的生产、保存、技术非常复杂，难度很大。可以说，农产品是技术、资金、劳动力集约化程度很高的产业。

4. 农产品产销矛盾突出、价格波动大

农产品的生产有着较强的季节性与地域性，在产地的生产季节，农产品的上市量非常大，时间也很集中。例如，水果的收获旺季大多在每年的秋季，此时上市的果品特别多，梨、柑橘、苹果等大量水果都集中在此时上市，导致价格下降。又如，柑橘一般只能在南方生产、苹果多在北方生产，所以北方市场的苹果价格低，而柑橘价格高；南方市场的情况则相反。由于生产的季节性、地域性等原因，导致农产品的价格波动比较大。在供过于求的集中上市季节，产品价格会很低；而在供应不足的淡季，产品的价格会非常高。

5. 农产品的质量受产地因素影响较大

农产品在长期的自然进化过程中形成了与当地自然环境条件相适应的生态习性，因此农产品的质量在很大程度上受产地的自然环境因素的影响。同一品种的农产品在不同地方栽培有不同的产品质量。例如，新疆栽培的哈密瓜可能比在其他地方栽培的哈密瓜要甜许多。

6. 农产品的储藏、运输难

部分农产品属于鲜活产品，容易腐烂，不易于储藏和运输，而且有些农产品单位体积较大而价格相对较低，其运输费用相对较高。因此，一方面，要采取各种灵活有效的促销手段，制定合理的销售价格，力争就地多销快销，减少产品损耗；另一方面，要加强产品的产品化处理，采用先进技术，进行农产品的保鲜和储藏，降低产品储藏腐烂率，并选择灵活的流通方式，保持畅通的运输渠道，利用便捷的交通工具和运输路线，尽量减少运输损失，以取得较好的经济效益，达到农产品经营者营销的目标。

7. 农产品的价值低、利润低

农产品的体积较大、单位体积的价值低，运输、贮藏成本高等。比如：一袋50斤的面粉售价仅几十元，从小麦收购开始，需要经过粮商收购，再运输到面粉加工厂，经面粉加工厂加工后，送到超市门店，这就需要两次长距离的运输及多次搬运，其运输及搬运的成本就得达到10%以上。经营面粉的利润还不及搬运费用。

8. 大宗农产品的营销相对稳定，小宗农产品的营销变化无常

需求量巨大的农产品市场需求及供应量相对稳定，市场变化比较平稳。而小宗农产品的需求变化巨大而供应量相对变化也较大，两者变化重叠或反向，导致价格剧烈变化。市场上经常出现的“蒜你狠”“姜你军”就是典型的例子。

三、农产品市场营销的流程

了解了农产品营销的特点，结合市场营销的流程，我们可以勾画出农产品市场营销的流程结构图，如下。

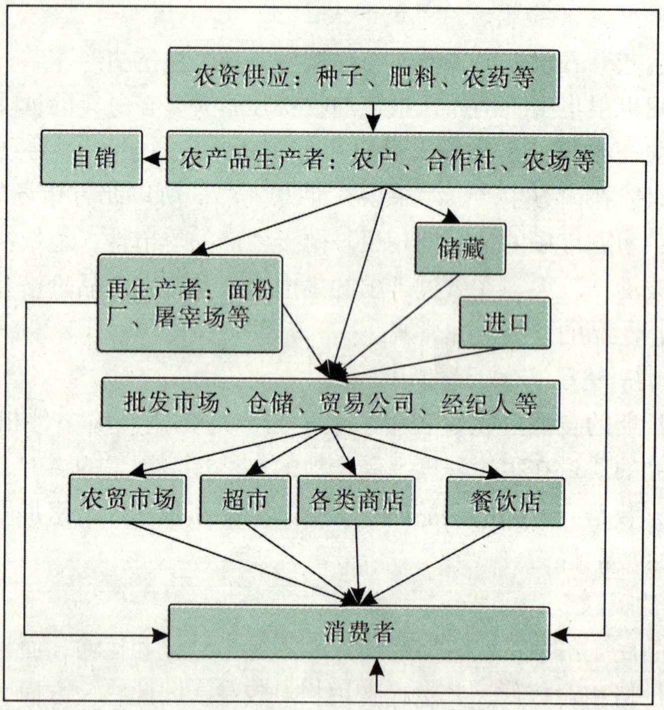

农产品市场流程图

思考与练习

1. 基本概念

   农产品

   无公害农产品

   绿色食品

   有机食品

2. 简述题

   简述农产品的特点。

   简述无公害农产品的认证过程。

   简述农产品市场营销的特点。

   简述农产品市场营销的流程。

3. 思考题

   试述进行农产品生产环境质量等级认证的意义和作用。

模块三
捕捉农产品市场需求

【学习目标】

1. 了解农产品营销环境、消费需求的类型、购买行为模式。
2. 掌握农产品市场宏观及微观环境，消费需求的特征等。
3. 熟悉营销农产品购买行为的因素及类型。
4. 理解消费者购买农产品决策过程。

学习任务1　捕捉农产品市场需求

一、农产品消费者的需求

农产品消费者是农产品的最终归宿。作为农产品经营者都要研究农产品消费者市场，因为他们最终服务的对象是农产品消费者。可以说，农产品消费者是一切农产品市场的基础，如果一个农产品经营者不掌握农产品消费者的情况，盲目发展，势必影响其经营效益。

小知识　马斯洛需求层次理论

马斯洛需求层次理论是行为科学的理论之一，由美国心理学家亚伯拉罕·马斯洛1943年在《人类激励理论》论文中所提出。书中将人类需求像阶梯一样从低到高按层次分为五种，分别是：生理需求、安全需求、社交需求、尊重需求和自我实现需求。

马斯洛理论把需求分成生理需求、安全需求、爱和归属感、尊重和自我实现五类，依次由较低层次到较高层次排列。在自我实现需求之后，还有自我超越需求，但通常不作为马斯洛需求层次理论中必要的层次，大多数会将自我超越合并至自我实现需求当中。

通俗理解：假如一个人同时缺乏食物、安全、爱和尊重，通常对食物的需求是最强烈的，其他需要则显得不那么重要。此时人的意识几乎全被饥饿所占据，所有能量都被用来获取食物。在这种极端情况下，人生的全部意义就是吃，其他什么都不重要。只有当人从生理需要的控制下解放出来时，才可能出现更高级的、社会化程度更高的需要，如安全的需要。

理论解析

1. 五种需要像阶梯一样从低到高，按层次逐级递升，但这样的次序不是完全固定的，可以变化，也有种种例外情况。

2. 需求层次理论有两个基本出发点：一是人人都有需要，某层需要获得满足后，另一层需要才出现。二是在多种需要未获满足前，首先满足迫切需要；该需要满足后，后面的需要才显示出其激励作用。

3. 一般来说，某一层次的需要相对满足了，就会向高一层次发展，追求更高一层次的需要就成为驱使行为的动力。相应的，获得基本满足的需要就不再是一股激励力量。

4. 五种需要可以分为两级，其中生理上的需要、安全上的需要和感情上的需要都属于低一级的需要，这些需要通过外部条件就可以满足；而尊重的需要和自我实现的需要是高级需要，它们是通过内部因素才能满足的，而且一个人对尊重和自我实现的需要是无止境的。同一时期，一个人可能有几种需要，但每一时期总有一种需要占支配地位，对行为起决定作用。任何一种需要都不会因为更高层次需要的发展而消失。各层次的需要相互依赖和重叠，高层次的需要发展后，低层次的需要仍然存在，只是对行为影响的程度大大减小。

5. 马斯洛和其他的行为心理学家都认为，一个国家多数人的需要层次结构，是同这个国家的经济发展水平、科技发展水平、文化和人民受教育的程度直接相关的。在发展中国家，生理需要和安全需要占主导的人数比例较大，而高级需要占主导的人数比例较小；在发达国家，则刚好相反。

（一）农产品消费者的需求类型

消费者对于农产品的需求不单单局限于某一个方面，而是具有需求的多样化。例如，消费者对于水果的需求，不单单表现在对水果营养这一基本功能上，而且还会关注水果的品质、外形、颜色、大小等多个方面。农产品消费者的需求主要具有以下几种。

1. 对农产品食用功能的需求

“民以食为天”，农产品是食物的基础来源。消费者购买农产品，首要考虑的是某种农产品具有的能够满足其温饱及能够给其身体带来基本营养价值的功能，即有用性。这种有用性即农产品的基本功能。这是农产品被生产和销售的基本条件，也是消费者的基本需求；如消费者购买大米、白面，最主要的是看中了这两种食品能够解除饥饿，并能满足身体对于能量的基本需求；而消费者购买牛奶制品，是因为牛奶具有补充营养、增强体质的基本功能。

2. 对农产品品质的需求

随着人们生活水平的提高，消费高品质的农产品成为一种时尚的需求趋势。农产品的高品质一般体现在营养成分的含量、纯度、水分含量、口感等多个指标上。作为农产品经营者，应当随时关注农产品消费者对农产品品质需求的变化趋势，从种植生产，到农产品采收、运输、储藏到最终的销售等各个环节，注重农产品品质，不断满足农产品消费者对高品质农产品的需求。比如，对于几乎每天都消费的大米来说，其品质就有较大的差别。一般情况下，常规稻的品质优于杂交稻，粳稻优于籼稻等。大米的价格可能会相差几十倍，足以说明大米品质存在明显的差异。

3. 对农产品安全性能的需求

购买任何消费品，消费者都需要所使用的产品安全可靠，不危害身体健康。

对于食用的农产品而言更是如此。为了达到这一需求，消费者要求农产品要符合以下几个要求：一是农产品要符合卫生标准，无损于身体健康，如食品应符合国家颁布的《中华人民共和国农产品质量安全法》《中华人民共和国食品安全法》《中华人民共和国进出口商品检验法》等法规和检验标准，要求在保质期内出售和食用，确保不生产、销售含有损害人体健康成分的农产品；二是农产品的安全指标要达到规定的标准，如鲜食农产品的农药残留应当限定在国家规定的指标范围之内；三是农产品最好要有保健功能，要有益于增进身体健康。

4. 对农产品便利程度的需求

便利程度包括两个方面，一方面是农产品购买过程的便捷程度，另一方面是农产品使用过程中的方便程度。

在购买过程中消费者希望以最短的时间、最近的距离、最快的方式购买所需的农产品。同类农产品在品质、安全性、价格等基本相同的条件下，便于购买往往成为消费者又一基本需求，他们选择便于购买的消费方式，既能够节约时间和精力，又能够实现新鲜消费。如近年来一些地方推出的鲜活农产品进社区以及蔬菜配送业务等销售方式，极大地方便了消费者，受到消费者的欢迎。

消费者也开始注重农产品使用过程中的方便性。如近些年来推出的薄皮核桃，与传统核桃品种比较起来，用手轻轻一捏，核桃皮就很容易剥开，而以往的核桃品种皮厚，很难剥，食用起来非常不方便。为此，薄皮核桃越来越受到消费者的欢迎。

5. 对农产品外观的需求

对美好事物的喜爱是人类的共性，对于农产品而言，不仅需要具备基本的功能、良好的品质和安全性，而且还要求其具有完美的外观形象，尤其是随着消费水平的不断提高以及消费者审美情趣的提高，人们愈加注重农产品的外在表现。

对于初级农产品而言，从其大小来看，要求其规整，既不能很大，也不能太小；从其形状上来看，要符合该种农产品的基本形状，该长的长，该短的短，该圆的圆，该扁的扁，而不是形状各异；从着色来看，应该具有该种农产品基本的颜色。

以消费者对于苹果外观的需求为例，现代消费者一般喜欢个头大小适宜、果形规整、着色均匀的苹果。因为如果单果重量太重，一般一次吃不完，而太小的果成熟度又不够，影响口感。食用个头均匀、果形整齐、着色好的初级农产品能够给人一种美的享受。尤其是近年来推出的一些果菜新品种，如用于观赏兼食用的蛇瓜、樱桃番茄、各种颜色的彩椒、袖珍西瓜、迷你黄瓜等，不但满足了食用、营养、保健的需求，而且又满足了观赏的需求，得到了消费者的青睐。

6. 对农产品情感功能的需求

这是指消费者要求农产品蕴含浓厚的感情色彩，能够体现个人的情绪状态，成为人际交往中感情沟通的媒介，并通过购买或食用该种农产品获得情感上的补偿、追求和依托。消费者作为社会成员，有着对亲情、友情、爱情、归属等情感的强烈需要，这种需要主要通过人与人之间的交往沟通得到满足。在农产品消费过程中，人们也希望通过农产品来传递情感，使相互之间的感情能够以农产品为媒介得以实现。如鲜花作为一种特殊的农产品，不同的品种能够传递不同的情感；经过生长阶段特殊处理的带字苹果，其中有福、禄、寿、平安、吉祥、生日快乐等字样，无论是自己消费还是作为一种礼品，均能够给消费者带来心理情感上的满足。

7. 对农产品社会象征性的需求

所谓农产品的社会象征性，是消费者要求农产品体现和象征一定的社会意义，使购买、拥有该农产品的消费者能够显示出自身某些社会特性，如身份、地位、尊严等，从而获得心理上的满足。当然，农产品的社会象征性并不是农产品本身所具有的内在属性，而是人们在现实消费中逐渐形成共识，并赋予了农产品特定的社会意义。例如，某些农产品如鲍鱼、燕窝等，由于数量稀少、价格昂贵、加工难度大、不易购买等，其消费受到极大的限制，只有少数具有特定身份、地位或较高收入的消费者才有条件拥有和消费。消费者消费或用此类农产品作为礼物赠送他人，正是为了证实自己或对方的社会地位或社会身份，体现了对社会象征性的需求。

（二）农产品消费者需求的特征

与其他产品的市场需求相比，农产品消费者需求有其特殊的要求和规律性，主要体现在以下几个方面。

1. 普遍性

作为一种基本生活必需品，农产品被所有人所使用，每个人、每一天都会产生对农产品的消费和购买行为，特别是粮食、蔬菜等农产品，更是日常所必不可少的。因此，与其他产品比较起来，农产品的需求具有普遍性的特征。

2. 稳定性

农产品是每个消费者的生活必需品，尤其是粮食、蔬菜、油料等农产品是每天都要食用的，其需求弹性较小，无论价格高低、收入增减，基本的消费量都是稳定的，不会有较大的改变。

3. 零散性

所谓农产品需求的零散性，是指农产品购买个体的分散性以及单次购买数量的少量性。农产品需求之所以呈现这一特征，主要由于以下几个方面的原因。

首先，农产品的消费者是个人或家庭，对于单个家庭来讲，一方面储存空间狭小，另一方面，家庭人口较少，农产品消耗量不大；其次，多数农产品易腐坏，不宜长期储藏；其三，随着现代农产品市场的日趋繁荣，农产品数量、品种供应丰富，消费者购买越来越方便，随时需要，随时购买。因此，农产品的单次购买数量一般较少，而购买次数较频繁。

4. 多样性

由于消费者所处的地域不同，生活习惯各异，收入水平和社会文化背景有一定的差异，农产品需求呈现出多样性的特点，这就产生了各式各样的需求、欲望、偏好和习惯。有的偏重价格，要求物美价廉；有的重视健康，偏重营养；有的偏重口味；有的重视外观。总之，从总体上来看，对农产品的消费需求是多样化的。

5. 阶段性

虽然农产品的需求弹性较小，对于大宗农产品的需求一般比较稳定。但是，随着经济发展水平和人们收入的提高，对于肉、蛋、奶等农产品的消费量将大大增加。相对而言，对于粮食的消费将逐渐减少。随着经济的发展，人们不仅要吃饱，而且还要吃好，要吃出营养，吃出健康；不仅要满足物质享受，还要满足精神享受。也就是说，在不同的发展阶段，农产品的需求结构会发生一定的改变，表现出明显的阶段性特点。

6. 可诱导性

所谓可诱导性，是指消费者的需求受外界因素影响而产生购买欲望的特性。

当消费者对某种农产品不熟悉、不了解的时候往往不会产生需求，或在产生需求的情况下不知道购买哪种农产品得到的效果更好。在这种情况下，外在因素，如广告、促销宣传以及身边人的介绍等往往会引起其购买欲望，进而产生购买行为。在农产品营销中，商家往往利用这一特性，采用各种广告、促销、营养成分及营养价值介绍等活动，引导消费者前往购买。例如，消费者一般对于大枣的营养成分不了解，不知道食用大枣会有什么营养价值，如果将中医的理论传授给消费者，让消费者熟悉大枣富含维生素 C、铁等营养成分，可以补血、生津、滋养等，那么消费者购买的欲望就会更强烈。

7. 季节性

同一般的消费品一样，农产品需求也具有季节性的特性。四季更替，气候和温度不同，不同的季节对农产品的需求种类有一定的差异。另外，在不同季节会有一些传统节日和风俗习惯，每到这些日子，对某种农产品的需求将增多。如正月十五吃元宵，对糯米的需求将增多；端午节吃粽子，对苇叶的需求将增多；而中秋节吃月饼，对一些用于做月饼馅儿的农产品需求量也会增多。

8. 地区性

同一地区的消费者在生活习惯、收入水平、购买特点和产品需求等方面都有较大的相似性，而不同地区消费者的消费行为则表现出较大的差异性。首先，城乡居民对农产品的消费存在较强的差异性。这主要是因为城乡居民的收入水平、营养保健知识以及购买的便利程度等方面均存在较大的差异性。其次，南方人和北方人的消费习惯也有明显的不同，从而表现出显著的地区性。例如，南方人习惯吃米，而北方人喜欢吃面。为此，在农产品营销过程中，应针对不同的区域采取不同的营销策略。

二、影响农产品消费者需求的因素

1. 收入水平

一般而言，消费者收入水平的变化对产品的需求会产生一定的影响，对于收入需求弹性小的产品，收入的变动不会带来需求量的太大变动；而对于收入需求弹性较大的农产品而言，随着收入的提高，对该产品的需求量会有较大的增长。

在农产品需求方面，随着收入水平的变化，主要呈现如下趋势：对于粮食、蔬菜、油料等需求弹性较小的农产品，消费者收入的变动不会引起其需求量的太大变动；而对于收入需求弹性较大的高档农产品来说，收入的变动会明显地带来需求量的变化。

2. 农产品价格

一般来讲，在其他条件不变的情况下，产品的需求量随着自身价格的下降而增加，随着替代品价格的下降而减少，随着互补品价格的下降而增加。但作为生活必需品的农产品，大宗农产品的需求量受价格的影响不大。不过，农产品价格对于不同类农产品来讲，其价格高低对于需求量的影响也是不同的，这主要是因为不同农产品的价格弹性不同。从中国的农产品消费现状来看，粮食需求具有刚性，需求弹性较小，因此，粮食的需求不会因为粮食价格变化而发生较大的波动；蔬菜的需求量受价格影响也不大；肉类、蛋类以及水产品的需求量随价格的波动而波动，且其需求量与其价格基本维持负相关关系。

3. 人口因素

人口的数量和结构是在一定的消费水平下影响农产品消费总量的重要因素。从人口数量上来看，人口数量的增加使农产品消费量呈现不断增长的趋势。

首先，城乡居民的人口结构会影响农产品的消费量，这是因为城镇人口对农产品的消费主要以产品性消费为主，而农村人口主要以自给自足为主。随着城镇化速度的不断加快，大量的人口从农村迁移到城镇，农产品需求量增加将是一个趋势。其次，人口的年龄结构、性别结构等也对农产品的需求产生影响。一般来讲，成年人比儿童、男性比女性、体力劳动者比脑力劳动者都要吃得多一些。也就是说，人口结构的不同会影响农产品的消费量。

4. 消费者偏好

消费者偏好是消费者的长期消费习惯所养成的行为模式。消费者所居住的自然环境、当地适宜的农业产业、社会传统、受教育程度以及文化背景的不同，会导致不同消费者有不同的偏好。例如，由于南方水量充足，适宜水稻的种植，这使得当地居民的主食以稻米为主，于是人们就形成了对大米的偏好；北方适应种植冬小麦，这使得长期以来北方人以面食为主，形成了对面食的偏好。

5. 其他因素

农产品的需求除了受以上因素影响以外，还受季节以及突发疫病的影响。

首先，农产品生产具有季节性的特点，这使农产品供应具有淡、旺季之分。一般而言，在农产品生产旺季，消费者对该类农产品的消费量将增大，而在淡季，消费者一般会调整自己的需求，以适应品种、数量的不足带来的价格上涨。其次，由于农业生产容易受病虫害的侵害，尤其是动物养殖会有一些疫病的发生，每当某种疫病暴发，就会影响消费者对该种农产品的消费。例如疯牛病的发生使大量消费者不再购买牛肉，转而去购买其他肉类；而禽流感的发生和蔓延，直接导致人们减少对禽蛋产品的消费需求。植物产品也是这样，当消费者知道产品中含有一些有毒的禁用农药，则会减少对该种农产品的消费。

三、农产品需求的发展趋势

农产品的消费需求是变动的，不同阶段消费者对农产品消费的品种、质量、结构都有一定的不同。通过对农产品需求以及消费现状的考察，农产品需求呈现出以下发展趋势。

1. 绿色消费将成为农产品需求的趋势

随着全球绿色革命的深入人心以及人们收入水平的提高，消费者越来越意识到健康的重要性。尤其是在农产品消费方面，大多数农产品直接入口，对身体健康有直接的影响。由于在农产品生产过程中不合理使用农药、兽药以及添加剂等，导致消费者中毒甚至死亡现象的发生，如曾经出现的毒韭菜事件、三鹿奶粉事件等。这些事件的不断发生引起了消费者对于食品安全的高度重视。因此，更多的消费者倾向于消费安全食品，尤其是经过无公害、绿色或有机认证的产品更受到消费者的青睐。

2. 消费者更喜欢消费品牌农产品

由于品牌农产品不但反映了农产品生产者、加工者的内在实力，而且能够体现农产品的优良品质，为此，更多的消费者趋向于购买品牌农产品。也就是说，品牌成为影响消费者选购农产品的重要因素。

3. 农产品消费的社会化程度明显提高

随着人们收入水平的提高，消费者的生活方式以及饮食习惯也在发生着变化。消费者对于闲暇以及精神生活的需求将越来越强烈，传统的以家庭自我料理为主的餐饮消费逐渐被省时省力的社会化服务所替代。为了满足消费者的这一需求，各种方便食品应运而生，并不断推向市场，例如超市中的各种成品、半成品、速冻食品、袋装鲜奶、净菜以及天然保健食品等不断地被消费者所接受和采纳。再比如亲朋聚会，按传统习惯来讲，一般都是在家做饭招待客人，而现在更多的是带客人去餐馆就餐。

4. 农产品需求朝着营养、健康方向发展

在温饱还未解决的时代，农产品短缺，收入水平低。当时，满足温饱是最主要的需求，至于营养，根本就谈不上，也就不会有这方面的需求。随着收入的增长以及农产品的日益丰富，满足温饱已经不成问题，人们对于农产品的需求开始向着改善质量、有利健康的方向发展。人们对粮食等主食的需求量减少，而对动物性食品以及果蔬食的需求量将不断增加，并且向"一多（多维生素）、二高（高蛋白、高热量）、三低（低脂肪、低胆固醇、低糖盐）"方向发展，一些低脂肪、高蛋白、营养丰富的牛肉、羊肉、瘦肉、水产品、水果和无污染的绿色食品等需求大增。这种需求结构的改变也对生产结构的变化形成了巨大的推动力。

5. 农产品需求的地区差异将逐渐缩小

随着信息化速度的加快以及地区间交流、沟通的便捷和频繁，不同地区间的文化不断相互交融，也带来了农产品需求品种的不断融合。虽然存在着一定的区别，但是差异逐渐缩小。如南方虽然仍以大米消费为主，但有一些人也开始对面食形成消费习惯；湘菜和川菜也逐渐摆上了北方人的餐桌，被更多的消费者所接受。

6. 农产品需求呈现个性化和多层次化的特点

随着收入水平的提高和产品种类的日益丰富，消费者更强调对于产品口味、外观、特殊功能及心理满足等方面的偏好，表现出明显的个性化需求。同时，对营养保健品、老年食品、儿童食品、休闲娱乐食品、节日庆典食品、交往寓意食品等的消费呈现增长势头，食品消费日趋多层次化。

案例——从马斯洛需求理论看农产品需求

马斯洛认为，人类价值体系存在两类不同的需要，一类是沿生物谱系上升方向逐渐变弱的本能或冲动，我们称之为低级需要和生理需要。另一类是随着生物进化而逐渐显现的潜能或需要，我们称之为高级需要。

最低端是生理需求，接着往上依次是安全需求、社会需求、尊重需求，最顶层是自我实现。这是马斯洛所提出的人类的五个需求层次。

每个人都潜藏着这五种不同层次的需求，但在不同的时期表现出来的各种需求的迫切程度是不同的。

人们在温饱阶段时最迫切的需求是生理需求和安全需求，在温饱已得到满足、生活水平达到小康阶段时，我们开始迫切追求社会需求和尊重需求。在上述需求都已满足的情况下，即我们达到富裕阶段的时候，我们最迫切的需求则成了自我实现需求。

一句话，就是我们的需求是外在的物质需求逐渐转向内在的精神层面的需求。

温饱阶段的需求我们可以看作是物质需求，而小康阶段和富裕阶段的需求我们称之为精神层面的需求。

1. 吃饱的需求

吃饱是人类维持自身生存的最基本的需求之一，这一需求如果得不到满足，人类个体的生命将因此受到威胁。所以说，缺少了生理需求人类将无法实现更高层次的需求，也就是说生理需求是推动人们行动最首要的动力，是最基本的需求，任何人都不能避免地去满足自身的生理需求。只有最基本的温饱需求满足到足够维持生存所必须的程度后，其他的需求才能成为新的有效的需求。为了吃饱，农产品生产经历了追求高产的阶段。消费者可以得到足够多的食物，满足了基本的生理需求。

然而，高产往往与品质存在着一定的矛盾性，能吃饱了，却丢失了品质和口味，食之无味成了吃饱后的感觉。

2. 吃好的需求

在温饱问题得到解决后，人类的本能指引着我们向着更高层次的需求迈进。不但要吃饱，更要吃好，要吃得有滋有味。于是人们对无公害、绿色、有机农产品的需求增加，农产品的安全成为满足需求的必备条件。

3. 品味的需求

消费者在获得基本生理和安全需求后，社会交往的需求成为追求的内容。于是各种礼品包装的农产品出现，方便了相互间的来往。

4. 尊重的需求

消费者在获得基本生理和安全需求后，对自我尊重、信心、成就、对他人的尊重、被他人尊重的需求需要得到满足。于是品牌农产品、特色农产品、保健农产品、新奇农产品等不断涌现，并伴随着生活水平的提高，多元化消费的趋势越加突出。

5. 自我的需求

该层次需求是最高层次的需求。它是指实现个人理想、抱负、发挥个人的能力到最大程度、达到自我实现境界、接受自己也接受他人、解决问题能力增强、自觉性提高、善于独立处事、要求不受打扰的独处、完成与自己的能力相称的一切事物的需求。农产品的需求完全是根据个人的喜好。

案例解析

一个市场多数人的需要层次结构，是同这个市场的经济水平、科技水平、文化水平及受教育的程度直接相关的。在落后的市场，生理需要和安全需要占主导的人数比例较大，而高级需要占主导的人数比例较小；而在发达的市场中，则刚好相反。在同一市场的不同时期，人们的需要层次会随着市场水平的变化而变化。

学习任务2　购买农产品的行为

一、购买农产品行为模式

与农产品的需求行为类似，作为最主要的生活资料，消费者对农产品的购买行为也受文化因素、社会因素、个人因素和心理因素等的影响。尤其是随着市场经济的不断发展以及社会结构和文化特征的不断改变，消费者对于农产品的购买行为也将呈现出许多新的特点和发展趋势。

购买农产品行为是指消费者购买农产品的一系列活动及相关的决策过程。

不同的消费者由于需求、动机和个性特点不同，在购买过程中的行为表现也是不同的。研究消费者的购买行为，必然要涉及七个问题，即谁参与购买活动、买什么、为什么购买、什么时间购买、什么地方购买、准备购买多少、如何购买。

1. 谁参与购买活动

在农产品生产和经营过程中，必须明确谁是主要的消费者，他们有什么样的特性，以便采取有针对性的营销策略。由于农产品消费通常是以家庭为单位进行的，因而购买决策也由家庭中的某一个或某几个成员所决定。一般情况下，在一个家庭的购买活动中，其成员由于分属不同的角色而起不同的作用，可分为以下五类：

一、发起者，即首先提出购买某种农产品的人。

二、影响者，其看法或建议对最终决策具有一定影响的人。

三、决策者，即对是否购买、为何买、到哪里去买等方面的购买决策做出最后决定的人。

四、购买者，即实际从事购买行为的人。

五、使用者，即消费或使用该产品的人。

当然，并非在所有农产品的购买中都会出现这五种角色。一般情况下，在涉及高价值、高品质的农产品购买中，这几种角色基本都能出现，但对于简单、多次购买的农产品购买行为，一般是由家庭主妇自己决定、购买，不会涉及其他角色。分不同类别，有针对性地对购买角色进行研究，有利于农产品经营者在产品设计、宣传、服务等方面采取不同的策略，以便争取更多的顾客。

因此在销售中，一定要分清楚购买角色的不同。例如，某品牌婴儿奶粉的使用者是婴儿，但购买对象却主要是年轻父母，因此，其宣传对象也要针对年轻父母来进行；某保健品的适用对象是老年人，其广告的对象应该瞄准的则是老年人及他们的子女，尤其是他们的子女，正如脑白金的一句典型的广告词为“孝敬爸妈，脑白金”。

2. 买什么

在购买过程中，消费者一般是从好几个品牌中选择出适合于不同需求的品牌。在选择过程中，一定会涉及价值判断与比较，这些消费者用于判定品牌优劣的评判标准正是农产品经营者不能放过的重要信息。此外，在了解消费者购买哪个品牌时，还必须追踪上一次购买的是什么品牌，下一次可能购买什么品牌，以了解消费者的品牌忠诚度。如果品牌忠诚度高，则表示该品牌的市场基础相当稳固，竞争者在争夺市场时需要费尽心机、投入高额成本，努力改善产品。

3. 为什么购买

为什么购买即消费者购买的动机和原因。消费者购买动机是驱使消费者产生购买行为的内在原因。消费者为什么购买某特定农产品？为什么买甲而不买乙？这是需要农产品经营者认真研究的问题。

例如，在中秋节月饼的营销过程中，经营者对消费者的动机进行深入的研究，就可以采取有针对性的营销策略。一般来讲，自己食用月饼的数量有限，而更多的购买是用于赠送亲朋好友。为此，在营销过程中就要选择差别营销的策略。对于消费者自用的采用简单包装，而礼品月饼则选用精美包装，在定价方面也采用差别定价的方法，以此适应消费者的不同购买动机。

4. 什么时间购买

消费者购买农产品有一定的时间规律性，一天中总有某个时间段购买者较多，一周中周六、周日购买较多，一年中节假日购买较多。正是由于消费者购买农产品存在时间上的规律性，因此，农产品经营者要充分利用这一规律，在购买者较多的时间采用适合的营销策略。拿蔬菜的销售来讲，由于早晨蔬菜比较新鲜，一些消费者愿意在早晨购买，所以在早市上，蔬菜价格一般不打折，而到了晚上，蔬菜的新鲜度下降，品种、数量也就相对较少，购买蔬菜的人则较少，这时适宜采用打折或降价销售的销售策略。

5. 什么地方购买

农产品销售市场有早市、农贸市场、批发市场、超市等。不同消费者的购买地点也有一定的差异。有些消费者可能在农贸市场购买或在超市购买，也可能去专业的批零市场购买。有的选择在离家近的市场购买，有的选择在离工作单位近的市场购买。分析消费者在何处购买的目的就是要使农产品销售网点的布局尽可能适应消费者的需要，以便消费者购买。

6. 准备购买多少

即消费者在购买农产品时的购买频率和购买数量。了解购买频率和购买数量，可以估计或预测市场总量，这可以作为细分市场的依据，也可以当作促销时间长短与所用方式的参考。

7. 如何购买

对农产品购买方式的了解和研究，可以帮助农产品经营者进行农产品设计、价格及其他经营方式的决策。例如，有些消费者对价格非常敏感，愿意购买较便宜的农产品而不太重视品牌，而有些消费者宁愿高价购买也不改变对品牌的忠诚度；有的消费者愿意就近在农贸市场购买，有的消费者认为超市的农产品更放心，虽然相对来说比较麻烦，但他们愿意到超市购买，而有些消费者由于购买数量比较多，则宁愿去专门的农产品批发市场购买。

小知识　信息化导致购买者决策的自主性更强

在信息化时代，消费者不再总是相信品牌向他们灌输的信息内容，消费者开始对经营者的产品有了更多的了解。大多数消费者在网络上搜索第三方发表的评价，相信第三方评价比经营者自己发布的信息更加真实可靠。越来越多的消费者更加重视自我的需求，在选择商品时，会更加有主观性。

二、影响农产品购买行为的因素

农产品购买行为是一个比较复杂的过程，整个过程受到多个因素的作用和相互影响。随着消费者收入水平的不断提高和消费品种的日益丰富，消费者的购买行为表现得更加丰富多彩、复杂多样。虽然消费者的个别购买行为千差万别，但通过形形色色的购买行为，也不难发现农产品的购买行为受着一些共同因素的影响。

综合来看，消费者在做出购买决策时，一般受文化、社会、个人及心理等因素的影响，这些因素不被经营者和营销者所控制，但作为经营者必须加以考虑。

1. 文化因素

人类生活在一定的社会环境中，会形成一些共同的价值观、信仰、态度、道德与习俗等，这些即是人类文化的表现。文化是人类欲望和行为最基本的决定因素。

文化的原因使消费者形成了稳定的购买心理和购买行为。例如，春节是中国广大消费者都非常重视的传统佳节，在这时大量购买、大量消费已经成为中国大多数消费者的传统消费模式。

此外，文化也是消费者偏好形成的一个重要原因，从而形成了各地不同的风俗习惯以及饮食习惯。

2. 社会因素

所谓受社会因素的影响，是指消费者的购买行为由于受消费者所接触的社会群体的影响，其购买行为也表现出不同的特点。这些群体分为主要群体、次要群体和渴望群体等。

主要群体是接触频繁并相互影响的群体，如家庭、邻居、同事、朋友等。他们会相互讨论农产品的价格是否合理，怎样鉴别某种农产品的品种和质量，如何烹调更加鲜美等。他们往往对消费者购买农产品的行为产生直接的影响，对消费者的示范作用较为强烈。

次要群体是指与消费者有关的各种群众团体和组织。如宗教、社会团体、职业团体、党派、学会等，他们对消费者的行为产生间接影响。

渴望群体指消费者渴望加入作为参照体的个人和组织。如利用消费者对明星的崇拜和模仿，邀请明星为农产品做广告，宣传某种农产品对健康的益处等。

3. 个人因素

购买农产品最主要的还是受个人因素的影响，个人因素主要包括年龄、性别、经济状况、个性、职业等。

4. 心理因素

一般而言，心理因素在影响消费者购买行为的因素中处于支配性的主导地位。在消费行为的形成过程中，消费者首先受到某种信号的刺激，内心产生消费欲望与需求。当需求达到一定程度的时候，会引发指向某特定目标的购买动机。在动机的驱动下，消费者搜寻相关的产品信息，然后根据个人偏好，从质量、价格、品牌等方面对产品进行分析比较。最后做出购买决策，并进行实际购买。购买后消费者还要根据自己的感受进行评价，以形成购买经验。在以上的整个活动中，消费者的心理因素起着决定性的作用。

总之，文化、社会、个人及心理因素是影响农产品购买行为的四大因素，其关系如下图。

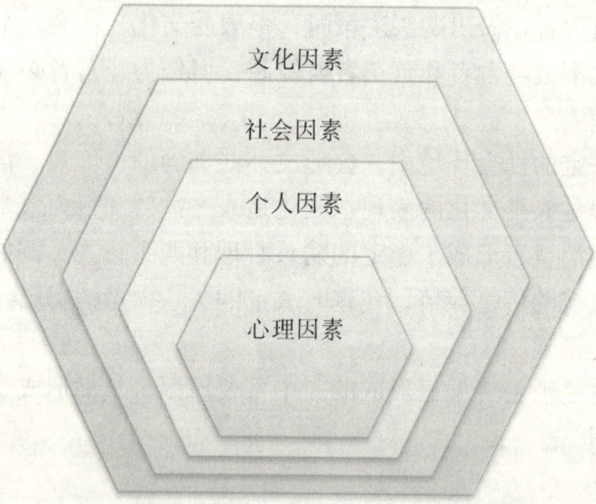

影响消费者购买行为的因素

三、农产品购买行为类型

由于受文化、社会、个人、心理等因素的影响，不同消费者或同一消费者面对不同农产品会表现出不同的购买行为。综合来看，消费者的购买行为分为以下五种：

1. 习惯型购买行为

所谓习惯型购买行为，是指消费者按照个人对某一品牌的偏好而形成的一种定向购买行为。这种购买行为较少受广告宣传以及时尚的影响，其购买习惯的形成多是由于长期食用某种特定品牌的农产品而使消费者产生了信赖感，从而按习惯重复购买。这种购买行为被称为“认牌型”购买，购买过程一般果断、迅速。

2. 理智型购买行为

所谓理智型购买行为，是指消费者在购买过程中往往多方面考虑，在做出购买决策时比较理性。这种类型的购买，消费者一般要经过周密的思考，通常要货比三家，对农产品的品质、价格、产地等做细致的检查、比较，反复权衡利弊，最后才做出购买决策，购买行为比较冷静、慎重。

3. 经济型购买行为

所谓经济型购买行为，是指消费者对农产品的价格变化比较敏感的一种购买行为。具有这种购买行为的消费者，往往以价格作为决定购买决策的首要标准，倾向于购买价格比较低的农产品。之所以有这种购买行为，主要与这类消费者的经济收入较低有直接的关系。

4. 冲动型购买行为

一些消费者容易受产品的特色、宣传或别人诱导的影响，而迅速做出购买决策，这种购买行为被称为冲动型购买行为。例如有些消费者购买农产品时容易受到产品特色、包装、购买氛围、广告宣传、降价或打折销售的影响和刺激，以直观感觉为主，顾客购买时不愿做反复比较，因此能快速做出购买决定。

5. 不定型购买行为

所谓不定型购买行为，是指消费者购买意向未定、随意性较大的购买行为。具有这种购买行为的消费者，往往缺少购买农产品的经验，购买心理不稳定，购买时大多没有主见，表现出不知所措的情形。持这种购买行为的消费者，一般都渴望得到农产品相关的知识，很容易听从经营者的推荐或从众购买。

四、农产品购买决策过程

所谓购买决策过程，是指消费者购买行为形成和实现的全过程。一般来讲，消费者购买决策过程分为五个阶段，即确认需要、收集信息、评估选择、决定购买、购后行为。同样，农产品的购买决策过程也表现为这五个阶段。

作为农产品的经营者，应关注整个购买过程而不能只是单纯注意购买决策本身。

1. 确认需要

确认需要是指消费者确认还有没有满足的需求并要通过购买某种农产品来满足

这一需求的过程。这是购买行为的起点。一般来说，消费者对农产品的需要可能来自两个方面：一是来自自身的生理性需要，如饥、渴、冷等；二是来自外部的刺激，如广告对某种农产品的宣传、朋友的推荐等。农产品经营者应该充分利用好这一阶段，采取适当的措施，唤起或强化消费者的需求，通过制定市场营销组合策略，帮助消费者确认需要，创造需求。

2. 收集信息

消费者需求的满足一般通过两种方式：一是随时随地就可以满足，如对于普通农产品的需求，通过长期的购买经验就可以即时决定；二是靠现有的经验和知识不能马上决定购买，而是需要收集相关方面的信息，了解市场行情，以此作为购买决策的依据。

为了更加有效地让消费者了解相关购买信息，营销者应该做好这方面的工作，利用适合的传播媒介与农产品消费者充分沟通，扩大产品的知名度。

3. 评估选择

消费者在收集到信息之后，根据自己的购物标准对各种备选农产品的质量、效用、款式、价格、服务等进行比较和评价，从中选择最能满足自己需要的产品。

4. 决定购买

做出购买决策和最终购买，是购买行为的中心环节。消费者对各种农产品进行比较和评选之后，就会产生购买倾向，并按照购买倾向购买适合自己的农产品。当然，在产生购买倾向与做出购买决定之间，也会受到他人态度和意外事件的影响。如身边人的态度，家庭收入出现较大改变，或者农产品涨价，或者发生了意外事件等，都会改变其购买倾向。当消费者决定购买某种农产品时，一般做出如下决策：一、产品种类决策：优先购买哪一类农产品；二、时间决策：在什么时间购买；三、经销商决策：到哪里购买或到哪一家商店购买；四、数量决策：买多少；五、购买方式决策：自己取，还是要求送货上门。

5. 购后行为

消费者购买某种农产品之后，往往喜欢对整个购买行为和所购农产品进行评价，一方面有自己的感受，另一方面有他人对所购产品的评判。如果自身对整个购买行为和所购农产品非常满意，或者其他人对所购农产品给予认可的态度，会使消费者产生满足感，进而对下一次的购买行为产生影响，即下一次仍然愿意重复上次的购买行为，即愿意购买该种农产品。相反，如果消费者对所购农产品不满意，或者存在部分不满意，或者他人认为所购农产品的质量有瑕疵等，这就会使消费者在下次的购买行为过程中尽量避开该种农产品的购买，或采取审慎的态度。

综上所述，农产品市场的购买行为受多种因素的影响，各种因素相互依存、相互作用，决定了购买行为的发展变化和趋势。农产品经营者必须重视对消费者需求的研究，并把研究贯穿于各个环节，使自己的经营活动符合消费者的购买行为，以便为消费者提供适销对路的农产品，满足市场的需要。

案例——消费者的艰难抉择

王太太和老公都是刚退休的教师，儿子在一家公司做业务经理，儿媳是一所中学的教师，平时都比较繁忙，孙子还在上小学。他和老公退休后在家帮助孩子料理家务并接送孙子上学。

王太太和老公都很喜欢做饭，每天早上吃完早餐送孙子上学后，便匆匆忙忙到超市购买一天的菜品等。然而选择农产品就成了老两口头痛的事情。瘦肉精、镉大米、毒淀粉、地沟油、一滴香、三聚氰胺、烂果门等食品事件层出不穷，由于听到食品不安全的事件太多，每拿起一样菜总担心是否安全，老两口为选择一样菜，都是讨论来讨论去。这样购买一段时间后，买菜几乎成了痛苦的工作。

王太太如何才能买到自己满意的安全放心的农产品呢?

案例解析

解决王太太的问题，首先要了解出现这样问题的背景是什么？中国商品刚从短缺时代过渡到过剩时代，大众的富裕程度还比较低，于是价格竞争成了最具杀伤力的手段。

一些不法经营者，为了抢占市场，获得高收益，采用了卑鄙的手段，使用了对人有害的违禁产品，破坏了公平的竞争，导致市场出现混乱。在混乱的市场竞争环境中，如果不使用有害的违禁产品，许多经营者就难以生存。有些经营者为了生存，也加入到使用有害的违禁产品的队伍中。

还有消费者自身的原因。有些消费者，购买产品，只看价格，不看质量。这些消费者，一味追求低价格，也加剧了假货横行。

王太太要想买到安全放心的农产品，必须以质量为首要考虑因素，再说价格。否则，这样的问题将长期存在，最终伤害的是自己的健康。

学习任务3　农产品市场营销环境

一、市场营销环境

市场营销环境是指影响产品经营者生产经营活动的各种内外部因素的总和，它包括内部环境和外部环境，或宏观环境和微观环境。

所谓农产品市场营销环境，就是指影响农产品经营者经营活动的各种内外部因素的总和。

农产品经营者外部环境是外在于农产品经营者的客观存在，它是不以人们的意志为转移的。对农产品经营者来说，外部环境属于不可控因素，农产品经营者无力改变。但是，农产品经营者可以通过对内部因素的优化组合，去适应外部环境的变化，保持农产品经营者内部因素与外部环境的动态平衡，使农产品经营者不断充满生机和活力。

二、市场营销环境的构成要素

1. 宏观市场营销环境

宏观市场营销环境又称间接营销环境，是指所有与农产品经营者的市场营销活动有联系的环境因素，包括政治、经济、科技、社会文化、自然等方面的因素。这些因素涉及广泛的领域，主要从宏观方面对农产品经营者的市场营销活动产生影响。

2. 微观市场营销环境

微观市场营销环境又称直接营销环境，是指与农产品经营者市场营销活动有密切关系的环境因素，如农资供应商、农产品营销中介、竞争者、顾客等。微观市场营销环境体现了宏观市场营销环境因素在某一领域里的综合作用，对于农产品经营者当前和今后的经营活动产生直接的影响。

三、农产品营销宏观环境

农产品营销宏观环境，是指间接营销环境对农产品营销活动的影响，主要体现在农产品经营者的营销活动与宏观环境的适应性上。农产品经营者只有不断适应宏观环境的变化，才能保持旺盛的生命力，在竞争中立于不败之地。

1. 人口环境

人口环境与市场营销的关系是十分密切的，因为人是市场的主体。农产品经营者的人口环境包括人口的数量、密度、居住地点、年龄、性别、种族、民族和职业等情况。

2. 政治、法律环境

政治是经济的集中体现，一国政治路线直接决定着该国的经济政策和对外政策。政治形势的好坏直接影响到经济政策和对外政策的贯彻实施，从而制约着营销活动的方向和目标。

3. 经济环境

经济环境直接影响到农产品经营者的经济效益。农产品经营者营销总是在一定的经济环境下展开，因此在进行营销活动前必须全面了解、分析经济环境。

4. 科学技术环境

现代社会生产力水平的提高，主要依靠设备的技术开发，创造新的生产工艺、新的生产流程。同时，技术开发也扩大和提高了劳动对象的利用广度和深度，不断创造新的原材料。例如，农业技术的不断改进，对农产品的成活率、产量、质量、口味等都有着重要的影响。科学技术的发展使产品更新换代速度加快，产品的市场寿命周期缩短。农业科学技术的发展，也使名、优、特、新的蔬菜、水果、花卉新品种不断在市场上推出，炙手可热的技术和新产品转瞬间成为“明日黄花”。这要求农产品经营者不断地进行技术革新、更新品种，赶上技术进步的浪潮。市场营销人员也应顺应产品发展的形势，采取相应的对策。

5. 社会文化环境

文化是指在某一社会里，人们所共有的、由后天获得的各种价值观念和社会规范的综合体，即人们生活方式的总和。它包括各种社会组织、生活规则、信仰、艺术、伦理道德、风俗习惯、法律、审美观、语言文字等。

6. 自然环境因素

各种自然环境因素如气候、地形、生物资源、生态系统等，都会对农产品的生产、营销活动产生直接和间接的影响，有时这些影响对农产品的生产经营起着决定性作用。

四、农产品营销微观环境

农产品营销微观环境，是指直接营销环境对农产品经营者营销活动的影响，主要体现在农产品经营者的具体对外业务往来过程中。农产品经营者不仅要重视目标市场的要求，而且要了解微观市场营销环境因素对农产品经营者的影响。

1. 农产品经营者自身

农产品经营者是指生产农产品的农户、基地或公司等，也包括农业科技园区、产供销一条龙的集团公司等。农产品经营者中影响营销的主要因素有投资者（包括农户的投资）和管理层（公司、集团公司、生产基地等的管理层）。

2. 农产品供应商

农产品供应商是指向农产品经营者、生产专业户和其他竞争者提供生产与经营所需资源的单位和个人。农产品供应商提供的资源包括种子、农药、化肥、地膜、生产工具等。农产品供应商所供原材料价格的高低、质量的优劣、交货是否及时、供应是否稳定等都会影响农产品经营者和生产专业户产品的质量、成本、价格、利润和上市时间，从而影响农产品经营者的信誉和销售。

农产品供应商对于农产品营销的影响主要表现在：一是供应商所提供农资的价格与数量直接决定着农产品的价格水平、市场占有率以及利润实现程度；二是供应商的实际运行状况，如产品供应不及时或供不应求就会增大农产品的生产经营风险和营销成本。

3. 营销配套

营销配套组织帮助农产品经营者或农产品生产专业户对农产品进行促销、销售并分销给最终购买者。它主要包括营销中间商、货物储运机构、营销服务机构和金融机构等。

4. 顾客

消费者是农产品的购买者（包括顾客、最终消费者和农产品加工、经营者），也是农产品生产者服务的对象和目标市场。农产品经营者和专业户需要仔细地了解消费者市场，根据不同市场的特点更好地树立以消费者为中心的经营思想。农产品的消费者市场一般划分为三种类型，即消费者市场、加工农产品经营者市场和中间商市场。

农产品经营者的一切营销活动都要以满足消费者的需要为中心。因此，消费者是农产品经营者的最重要的环境因素。

农产品经营者要认真研究为之服务的不同消费群体，研究其类别、需求特点、购买动机等，使农产品经营者的营销活动能针对消费者的需要，符合消费者的愿望。

5. 竞争者

农产品经营者在目标市场进行营销活动时，不可避免地会遇到竞争对手的挑战。竞争对手的营销战略及营销活动的变化会直接影响到农产品经营者的营销。例如，最为明显的是竞争对手的价格、广告宣传、促销手段的变化、新产品的开发、售前售后服务的加强等，这些都将直接对农产品经营者造成威胁。农产品经营者必须密切注视竞争者的一切细微变化，并采取相应的对策与措施。

6. 社会公众

社会公众是指对农产品经营者、基地、专业户的生存和发展具有实际和潜在利害关系或影响力的一切团体和个人。公众是农产品经营者或生产专业户寻求目标市场时的人缘基础。公众对农产品经营者营销方式的态度、农产品经营者营销行为对公众利益的影响，两者之间有着极强的内在联系。

农产品经营者所面临的公众包括金融公众、媒介公众、政府公众、社团公众、社区公众、内部公众、一般公众等。

五、市场营销环境分析

环境的发展变化可能给农产品经营者带来机会，也可能造成威胁。然而，并不是所有的市场机会对农产品经营者的营销活动都有同样的吸引力，也不是所有的环境威胁对农产品经营者都有同样的危害程度。农产品经营者可利用机会——威胁矩阵法、SWOT 分析法（农产品经营者内外环境对照法）来加以评价、分析。

1. 机会——威胁矩阵法

机会——威胁矩阵法是指市场环境中对农产品经营者有利的机会和不利的威胁、利益和风险所构成的各种因素的总和。农产品经营者对环境的选择是建立在分析了机会和威胁出现的可能性大小的基础上，主要从两个方面进行分析：市场的机会水平和威胁水平。

机会分析矩阵可以有效地抓住和利用市场机会，并结合农产品经营者自身情况，变市场机会为农产品经营者机会。机会分析主要考虑潜在的吸引力和成功的可能性。

威胁分析矩阵是面对环境威胁的分析，一般着眼于两个方面：一是分析威胁的潜在严重性，即影响程度；二是分析威胁出现的可能性，即出现的概率。

2. SWOT 分析法

SWOT 分析法实际上是将对农产品经营者内外部条件各方面内容进行综合和概括，进而分析组织的优势（Strength）、劣势（Weakness）、面临的机会（Opportunity）和威胁（Threat）的一种方法。其中，优劣势分析主要是着眼于农产品经营者自身的实力及其与其竞争对手的比较；而机会和威胁分析将注意力放在外部环境的变化及对农产品经营者的可能影响上。

SWOT 分析主要内容有：分析环境因素、构造 SWOT 分析矩阵、制定相应策略。

SWOT 分析步骤：罗列出农产品经营者的优势和劣势，可能的机会与威胁；对优势、劣势与机会、威胁相组合，形成 SO、ST、WO、WT 策略；对 SO、ST、WO、WT 策略进行过滤和选择，确定农产品经营者目前应采取的具体战略与策略。

3. PEST 分析法

PEST 分析法是用来帮助经营者检阅其外部宏观环境的一种方法。宏观环境是指影响一切行业和经营者的各种宏观力量。对宏观环境因素分析，不同行业和经营者根据自身特点和经营需要，分析的具体内容会有差异，但一般都应对政治（Politics）、经济（Economic）、社会（Society）和技术（Technology）四大类影响经营者的主要外部环境因素进行分析，这种分析方法简称 PEST 分析法。

PEST 分析的内容：

政治因素方面主要分析的内容是：税收政策、竞争规则、环保制度、国际贸易、合同执行法、消费者保护法、组织观念、安全规定等。

经济因素方面主要分析的内容是：经济增长、利率及货币政策、政府开支、失业政策、征税情况、汇率、通胀率、商业周期、消费者信心等。

社会因素方面主要分析的内容是：收入分布、人口增长率及年龄分布、劳动力与社会流动性、生活方式、职业与休闲态度、企业家精神、教育化程度、潮流、健康意识、社会福利、安全感、生活条件等。

技术因素方面主要分析的内容是：政府研究投入、产业技术、新型发明与技术发展、技术转让率、技术更新速度与生命周期、能源利用与成本、信息技术、互联网技术、移动技术等。

思考与练习

1. 基本概念

市场营销环境

购买农产品行为

农产品需求

2. 简述

简述农产品消费者需求的类型。

简述农产品消费者需求的特征。

简述影响农产品消费者需求的因素。

简述影响农产品购买行为的因素。

简述农产品购买行为的类型。

简述农产品购买决策过程。

简述农产品市场营销的环境构成要素。

3. 思考题

试述消费者购买农产品行为模式。

试述消费者购买农产品决策的过程。

选择某种农产品，对其进行市场营销环境的分析。

模 块 四
把握目标市场营销战略

【学习目标】

1. 了解市场细分、目标市场及市场定位等概念。
2. 掌握市场细分的标准及注意事项；市场细分的作用。
3. 熟悉目标市场选择的影响因素、市场定位的程序等。
4. 理解常用定位策略的背景及采用方法。

学习任务1　市场细分

一、市场细分的含义

市场细分是在市场调研基础上，根据消费者不同的消费需求把大市场划分成若干子市场的过程。市场由购买者组成，而购买者在消费需求、购买习惯等方面各不相同，因为他们对商品的品种、数量、价格、式样、规格、色彩、购买时间、购买地点等都会体现出一定的差异性。这些差异性的存在，为市场细分提供了基础，消费差异越大，消费者越是追求差异化，市场细分也越有必要。

市场细分的实质是辨别不同的消费群体，并加以分类的过程，而不是通过产品分类来细分市场的。这是因为商品是用来进行交换的劳动产品，它只有在满足人们一定需要时才会被人们所接受。只有抓住消费需求的差异性，才能把握市场细分的规律。

市场细分后的市场应该是可以衡量的，否则细分工作就不具有可操作性。“可衡量”包括几层意义：首先，市场细分的标准必须清楚明确，容易辨别，如对每个细分市场应该包括什么，不应包括什么，要划分清楚。其次，对细分后的市场规模、市场容量等要能够计量和测算，因为细分市场不仅要有质的规定，还要有量的可衡性。这一量的可衡性可以用绝对数（如消费者数量和购买力）来表示，也可用相对数（如占消费者总数和购买力总和的比例）表示。如果对这些情况不易识别或找不到这些资料来衡量，就不宜对这种市场进行细分。

小知识 市场细分的必要性

1. 市场细分是由消费者需求的差异性所决定的。

在市场土，每个消费者由于各自条件不同，所处客观环境的差异，他们在购买商品时，动机、欲望和需求上存在着一定的差异。比如，对于消费者购买奶粉来说，在20世纪70年代，中国广大消费者正在解决温饱问题，对营养饮食品的要求处于初级阶段，市场上供应的奶粉种类单一；80年代末期，人们的生活水平大大提高，对饮食品的需求多样化，特别是年轻的父母力求给独生子女最有营养、最适于婴儿成长的奶粉，老年人也希望通过饮用奶粉补充体内缺乏的钙质，于是市场上涌现出分别适应这些子市场需求的婴儿奶粉、老年奶粉等。

2. 市场细分还是由于消费者需求的相似性所决定的。

每一个细分市场，之所以成为相对独立且又比较稳定的市场，是因为在该群体的消费者中，有相似的购买行为和购买习惯。例如，在同一社会环境，同一民族文化传统的熏陶下，人民在生活习惯、社会风俗、节日礼仪等方面总会表现出一定的相似性。这种相似性使不同消费者需求再次聚集，形成相类似的消费群体，从而构成了具有一定个性特征的细分市场。

3. 市场细分还由于各企业的营销能力的限制。

任何经营者，其经营范围、经营能力总有一定限度，不可能为市场提供所有消费者需要的全部商品，而只能使自己的营销活动限定在力所能及的范围内，只能去生产和经营一方面或几方面的商品，去满足某一部分消费者的一个或几个方面的需要，这就要求企业必须将复杂、多变的整体市场进行细分，同中求异、异中求同，发挥企业的优势，更好地满足消费者的需要。

由此可见，市场需求的差异性和相似性、经营者经营能力的局限性是市场细分的客观基础。正是因为有了市场需求的差异性和经营者营销能力的局限性这一矛盾，同时，又存在整体市场需求的差异性和细分市场的相似性，才使经营者进行市场细分有了必要性和可能性。

二、市场细分的作用

在一般情况下，一个经营者不可能满足所有消费者的需求，尤其在激烈的市场竞争中，经营者更应集中力量，有效地选择市场，取得竞争优势。市场细分对于经营者来讲，有以下作用：

1. 有利于经营者发现市场机会

如何认识市场，如果不对市场进行细分化研究，市场始终是一个“混沌的总体”，因为任何消费者都是集多种特征于一身的，而整个市场是所有消费者的总和，呈现高度复杂性。市场细分可以把市场丰富的内部结构一层一层地抽象出来，发现其中的规律，使经营者可以深入、全面地把握各类市场需求的特征。

另外，市场需求是已经出现在市场但尚未得到满足的购买力，在这些需求中有相当一部分是潜在需求，一般不易发现。经营者运用市场细分的手段往往可以了解消费者存在的需求和满足程度，从而寻找、发现市场机会。同时，经营者通过分析和比较不同细分市场中竞争者的营销策略，选择那些需求尚未满足或满足程度不够，而竞争对手无力占领或不屑占领的细分市场作为自己的目标市场，结合自身条件制定出最佳的市场营销策略。

2. 有利于经营者制定和调整市场营销策略

市场营销策略组合是由产品策略、价格策略、促销策略、分销策略、权力营销策略、公共关系策略所组成的。当经营者通过市场细分确定自己所要满足的目标市场，找到了自己资源条件和客观需求的最佳结合点，这有利于经营者集中人力、物力、财力，有针对性地采取不同的营销策略，取得投入少、产出多的良好经济效益。

3. 有利于经营者研究潜在需要，开发新产品

一旦确定了自己的细分市场后，经营者能很好地把握目标市场需求，针对市场的变化状况，分析潜在需求，发展新产品及开拓新市场。

4. 有利于社会发展

市场细分不仅给经营者带来良好的经济效益，而且也创造了良好的社会效益。因为，一方面细分化可以使不同消费者的不同需求得到满足，提高了生活水平，另一方面有利于同类经营者合理化分工，在行业内形成较为合理的专业化分工体系，使各类经营者各得其所、各显其长。

三、市场细分的标准

市场细分标准指的是消费者所具有的明显不同的特征以及分类的依据。要正确地进行市场细分，首先必须合理地确定细分市场的标准。由于消费品市场和工业品

市场的购买者各有不同的动机和目的，因而市场细分的标准也就有所不同。

1. 消费品市场细分的标准

消费品市场的细分标准，因经营者不同而各具特色，但是有一些标准是共同的，即地理环境、人口状态、消费心理及行为因素等四个方面，各个方面又包括一系列的细分因素。

2. 产业市场细分的标准

许多用来细分消费品市场的标准，同样可以用来细分产业市场，如地理环境和行业因素中的一些变量（购买习惯、寻找利益、使用数量和频率等）都是有效的细分标准。同时，由于产业市场有其不同的特点，所以产业市场细分标准同消费品市场细分标准不完全一致。

四、市场细分标准应注意的问题

以上分析了市场细分的一般标准，经营者在运用上述标准时，应该注意以下问题：

1. 不同类型经营者在市场细分时应采取不同的标准

如消费品市场主要根据地理环境、人口状况等因素作为细分标准，但不同的消费品市场所使用的度量也有差异。如苹果市场按地域、收入等变量细分，大米则按家庭人口、收入等细分。

2. 市场细分的标准是随社会生产和消费需求的变化而不断变化的

由于消费者价值观念、购买行为和动机不断变化，经营者细分市场采用的标准也会随之变化。如土猪肉原来只需用“收入”指标来细分，而今天消费者购买土猪肉除了考虑经济承担力外，还追求土猪肉的口感等内容。

3. 经营者在进行市场细分时，应注意各种标准的有机组合

在选择细分标准时，可以采取单一标准，更多情况下则采用多项标准的组合，这样可使整个市场更细、更具体，经营者也更易把握细分市场的特征。

4. 市场细分是一项创造性的工作

由于消费者需求的特征和经营者营销活动是多种多样的，市场细分标准的确定和选择不可能完全拘泥于书本知识。经营者应在深刻理解市场细分原理的基础上，创造新的有效的标准。

要特别注意的是，市场细分的目的是为了挖掘市场机会，而不是为了细分而细分。有的市场消费需求客观上存在差异，甚至很小的差异也被消费者所重视，这样市场的细分越小越好，人们称之为“微细分”。有的需求差异意义并不大，市场分得太细，使产品设计、投产到销售都趋于复杂化，产品生产成本和销售成本都会增加，导致经营者收入减少，甚至可能超过市场细分所增加的收益。因而出现反细分

化策略，则将若干个过于狭小的细分市场集合起来，以提供较低价格产品以吸引消费者。这是市场营销细分化策略的有效性原则。

案例——农产品细分的市场究竟有多大

在云南省漾濞彝族自治县的一个村里，当地农民告诉我们，他们的核桃仁最贵每斤能卖到50元。这个价格，甚至比北京超市里卖得还要高。

小小核桃仁，从云南的大山千里迢迢来到北京的超市，不知道要经过多少环节，按理说在北京超市里的价格该远远高于云南农民家门口销售的价格才对。

为了消除我们的疑惑，当地的同志领我们前去采访一位核桃经销大户。这位经销大户把周边村庄的核桃收购来，再请人把一部分核桃剥成核桃仁出售，也算是初级加工了。

在现场我们看到，几位农民把剥好的核桃仁摊在案板上，熟练地按成色分成三类。色泽最明亮、颗粒最大、果仁最饱满的，就是每千克卖到50元的一等品，光看品相，就知道跟北京超市里卖的不一样。

其实把核桃剥成核桃仁这种简单的“加工”，并不怎么挣钱。这位经销大户的利润来源，除了赚取一点购销中间的差价外，主要依靠对核桃仁进行细分销售这种“增值服务”。

这位经销大户说，客户买核桃有不同的用处，但除了直接卖的核桃之外，都是要先剥成核桃仁再进行下一步加工的，因此他留了部分核桃卖，其余的剥成核桃仁，再分分等级，客户就能根据需要购买不同等级的核桃仁了。

案例解析

他话说得很朴素，道理也很浅显，却说明了一个问题：根据客户的需求，把商品进行细分，不仅能发掘新的市场，而且往往能够在传统市场里找到增值的空间。

市场细分是一种传统的营销方式，在商业高度发达的城市生活中，人们对此已经习以为常：在零售领域，曾经“包揽一切”的百货商场被定位越来越个性化的卖场抢了市场；在生产厂家，我们看到人性化的产品越来越多，消费者的需求只有“想不到”的，没有“满足不了”的……

市场细分的好处是显而易见的：于消费者而言，在细分市场下，自己的需求总是能够不断地得到更大程度的满足；对生产者而言，每满足消费者一个新的需求，就意味着开辟了一块新的市场空间，或者在某一领域的竞争中占领了先机。因此，不管是商家还是厂家，都非常注重依靠市场细分来开辟市场，寻找增值的空间，而消费者总是在这样的“被细分”中享受到更加完善的服务。

学习任务2　目标市场选择

一、目标市场

目标市场是经营者在市场细分的基础上，根据市场潜量、竞争对手状况、经营者自身特点所选定和进入的市场。

经营者一切营销活动都是围绕目标市场进行的。选择和确定目标市场，明确经营者具体服务对象，是经营者制定营销策略的首要内容和基本出发点。

1. 目标市场的评估方法

进行市场细分以后，并不是每一个细分市场都值得进入，经营者必须对其进行评估（见下图）。经营者选择目标市场，应注意考虑以下问题：

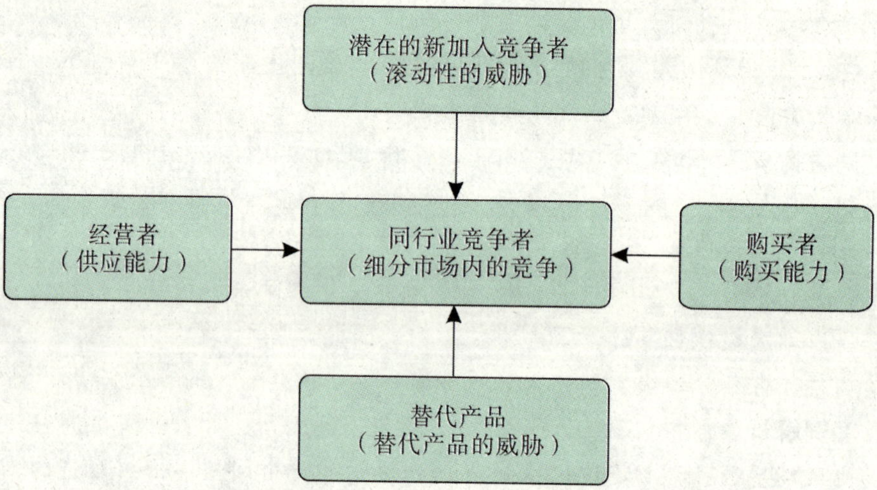

细分市场的潜量和竞争结构分析

（1）细分市场的潜量　细分市场潜量是在一定时期内，在消费者愿意支付的价格水平下，经过相应的市场营销努力，产品在该细分市场可能达到的销售规模。

对细分市场潜量分析的评估十分重要。如果市场狭小，没有发掘潜力，经营者进入后没有发展前途。当然，这一潜量不仅指现实的消费需求，也包括潜在需求。从长远利益看，消费者的潜在需求对经营者更具吸引力。细分市场只有存在着尚未满足的需求，才需要经营者提供产品，经营者也才能有利可图。

（2）细分市场的竞争状况　经营者要进入某个细分市场，必须考虑能否通过产品开发等营销组合，在市场上站稳脚跟或居于优势地位。所以，经营者应尽量选择那些竞争者较少，竞争者实力较弱的细分市场为自己的目标市场。那些竞争十分激烈、竞争对手实力十分雄厚的市场，经营者一旦进入后就要付出昂贵的代价。当然，对于竞争者已经完全控制的市场，如果经营者有条件超过竞争对手，也可设法挤进这一市场。

（3）细分市场具有的特征是否与经营者优势相吻合　经营者所选择的目标市场应该是经营者力所能及的和能充分发挥自身优势的。经营者能力表现在技术水平、资金实力、经营规模、地理位置、管理能力等方面。所谓优势是指上述各方面能力较竞争者略胜一筹。如果经营者进入的是自身不能发挥优势的细分市场，那就无法在市场上站稳脚跟。

2. 目标市场选择策略

经营者在决定目标市场的选择和经营时，可根据具体条件考虑三种不同策略（见下图）。

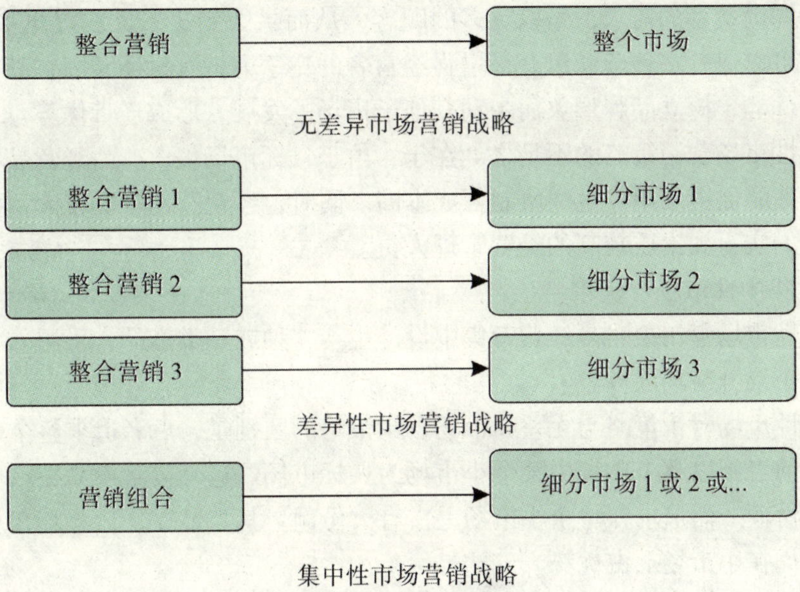

三种可选择的目标市场营销战略

（1）无差异市场营销策略　无差异市场营销策略，是把整个市场作为一个目标市场，着眼于消费需求的共同性，推出单一产品和单一营销手段加以满足。

无差异市场营销策略的优点是可以降低成本。这是因为：①由于产品单一，经营者可实行机械化、自动化、标准化大量生产，从而降低产品成本，提高产品质量；②无差异的广告宣传，单一的销售程序，降低了销售费用；③节省了市场细分所需的调研费用、多种产品开发设计费用，使经营者能以物美价廉的产品满足消费者需要。

无差异市场营销策略也有其不足：①不能满足不同消费者的需求和爱好。用一种产品、一种市场营销策略去吸引和满足所有顾客几乎是不可能的，即使一时被承认，也不会被长期接受。②容易受到竞争对手的冲击。当经营者采取无差异市场营销策略时，竞争对手会从这一整体市场的细微差别入手，参与竞争，争夺市场份额。

（2）差异性市场营销策略　差异性市场营销策略是充分肯定消费者需求的异质性，在市场细分的基础上选择若干个细分子市场为目标市场，分别设计不同的营销策略组合方案，满足不同细分子市场的需求。

差异性市场营销策略是目前普遍采用的策略，这是科技发展和消费需求多样化的结果，也是经营者之间竞争的结果。不少经营者实行多品种、多规格、多款式、多价格、多种分销渠道、多种广告形式等多种营销组合，满足不同细分市场的需求。

差异性市场营销策略的优点是：①由于经营者面对多个细分市场，某一细分市场发生剧变，也不会使经营者全盘陷入困境，大大减少了经营风险；②由于能较好地满足不同消费者的需求，争取更多的顾客，从而扩大销售量，获得更大的利润；③经营者可以通过多种营销组合来增强经营者的竞争力，有时还会因在某个细分市场上取得优势、树立品牌形象而带动其他子市场的发展，形成连带优势。

差异性市场营销策略的不足之处在于，由于目标市场多，产品经营品种多，因而渠道开拓、促销费用、生产研制等成本高。同时，经营管理难度较大，要求经营者有较强的实力和素质较高的经营管理人员。

（3）集中性市场营销策略

集中性市场营销策略是经营者集中设计生产一种或一类产品，采用一种营销组合，为一个细分市场服务。

集中性市场营销策略与无差异市场营销策略的区别是，后者追求整个市场为目标市场，前者则以整个市场中某个小市场为目标市场。这一策略不是在一个大市场中占有小份额，而追求在一个小市场上占有大份额。其立足点是，与其在总体上占劣势，不如在小市场上占优势。

集中性市场营销策略优点很明显：①由于市场集中，便于经营者深入挖掘消费者的需求，能及时得到反馈意见，使经营者能制定正确的营销策略；②生产专业化程度高，经营者可有针对性地采取营销组合，节约成本和费用；③目标市场较小，可以使经营者的特点和市场特征尽可能达成一致，从而有利于充分发挥经营者自身优势；④在细分市场上占据一定优势后，可以积聚力量，与竞争者抗衡；⑤能有效地树立品牌形象，如全聚德烤鸭、仲景香菇酱等品牌几乎家喻户晓。

当然，集中性市场营销策略也有缺点：①由于市场较小，空间有限，经营者发展受到一定限制；②如果有强大对手进入，风险很大，很可能陷入困境，缺少回旋余地。

上述三种市场营销策略内容可用下表来归纳。

目标市场选择策略对比表

	追求利益	营销稳定性	营销成本	营销机会	竞争强度	管理难度
无差异市场营销策略	经济性	一般	低	易失去	强	低
差异性市场营销策略	销售额	好	高	易发展	弱	高
集中性市场营销策略	形象和小市场占有率	差	低	易失去	强	低

二、市场覆盖模式

经营者在选择目标市场时，有以下 5 种模式可供参考。

1. 市场集中化

该模式只生产一种产品，供应某一顾客群，以取得某一特征市场的优势。如某合作社生产芹菜，只选择一个细分市场，即专门生产供应给农贸市场的芹菜。这一策略通常被小经营者所采用。

2. 产品专业化

产品专业化即以一类产品供应给不同的顾客群。如合作社只生产芹菜，选择多个细分市场，即不仅供应农贸市场，还供应超市、连锁店等。这一策略容易树立某一领域的声誉，但是如果该产品被市场淘汰，经营者就会发生滑坡的危险。

3. 市场专业化

市场专业化是经营者专门为满足某个顾客群体提供各种产品。如合作社生产多种蔬菜，专门供应超市，包括芹菜、白菜、菠菜等。经营者专门为某个顾客群提供系列产品，容易和这类顾客保持良好的关系，获得良好的声誉。

4. 选择专业化

经营者选择若干细分市场，如农贸市场、超市、连锁店等，但是，每个市场供应不同的农产品。结果是，在每一个市场在客观上都有吸引力，但每个细分市场之间很少有联系。

5. 市场全面化

市场全面化即经营者用各种产品满足各种顾客群体的需要。具体策略可以通过无差异市场营销策略或差异性市场营销策略来实施，一般只有大经营者才能采用这样的策略。

三、影响目标市场选择的因素

无差异市场营销策略、差异性市场营销策略和集中性市场营销策略各有利弊，各自适合不同的情况，一般说来，在选择目标市场策略时要考虑以下因素。

1. 经营者资源

如果经营者资源丰富，实力雄厚（主要包括生产经营规模、技术力量、资金状况等），具有大规模的单一流水线，拥有广泛的分销渠道，产品标准化程度高，内在质量好，品牌信誉高，可以采用无差异市场营销策略。

如果经营者具有相当的规模、技术设计能力强、管理素质较高，可实施差异性市场营销策略。

反之，如果经营者资源有限、实力较弱、难以开拓整个市场，则最好实行集中性市场营销策略。

2. 产品特点

产品具有同质性，即消费者购买和使用时对此类产品特征感觉相似，其需求弹性较小，如食盐、石油等可采取无差异市场营销策略。产品具有异质性，消费者对这类产品特征感觉有较大差异，如服装、家具、化妆品等，其需求弹性较大，可采取差异性或集中性市场营销策略。

3. 市场特征

如果消费者的需求和爱好相似，购买行为对市场营销刺激的反应基本一致，经营者可以采取无差异市场营销策略。

消费者需求偏好、态度、购买行为差异很大，宜采取差异性市场营销策略或集中性市场营销策略。

4. 产品生命周期

处于产品生命周期不同阶段的产品，要采取相应的目标市场策略。处在“导入期”“成长期”的产品宜采取无差异市场营销策略。因为消费者初步接触新产品，对其不甚了解，消费需求还停留在初浅层次。另一方面，经营者由于种种原因也难以一下子推出多种品种。

处在“成熟期”“衰退期”的产品宜采取差异性市场营销策略和集中性市场营销策略。这是由于经营者生产已定型，消费已成熟，需求向深层次、多样化发展，竞争也日趋激烈。采取差异性市场营销策略可以开辟一个又一个新市场，或者采取集中型市场营销策略，稳固市场地位，延长产品生命周期。

5. 竞争对手策略

经营者采取任何目标市场策略，通常还要分析竞争对手的策略，知己知彼，百战不殆。如果竞争对手采取无差异市场营销策略，经营者应考虑差异性市场营销策略，提高竞争能力。如果竞争对手采取差异性市场营销策略，则经营者应进一步细分市场，实行更有效的集中性市场营销策略，使自己的产品与竞争对手有所不同。

学习任务3　目标市场定位

一、市场定位的含义

市场定位是经营者根据所选定目标市场的竞争状况和自身条件，确定经营者和产品在目标市场上特色、形象和位置的过程。经营者进行市场细分和选择目标市场后，一个重要的问题就是：如何进入目标市场？以怎样的姿态和形象占领目标市场？这就是市场定位。

市场定位就是根据所选定目标市场上的竞争者产品所处的位置和经营者自身条件，从各方面为经营者和产品创造一定的特色，塑造并树立一定的市场形象，以求在目标顾客心目中形成一种特殊的偏爱。这种特色和形象可以通过产品实体方面体现出来，如形状、构造、成分等；也可以从消费者心理上反映出来，如好看、好吃等，或者由两个方面共同作用而表现出来，如物美价廉、服务周到等。

市场定位实际上是在已有市场细分和目标市场选择的基础上深一层次地细分和选择，即从产品特征出发对目标市场进行进一步细分，进而在按消费者需求确定的目标市场内再选择经营者的目标市场。

市场定位主要指本经营者产品在目标市场的地位，研究的是以怎样的姿态进入目标市场，所以又叫产品定位。同时，定位就是要设法建立一种竞争优势，所以，市场定位又叫竞争定位。

定位有两维定位和多维定位。两维定位就是在定位时，选择两个变量或两个因素，每个变量又选择两种状态，分析由两种状态组合而得到的四种不同结果，它又叫平面定位。

在市场定位过程中，不论是采取两维定位法还是多维定位法，核心是选择好变量。当一种定位不甚科学时，可通过重新选择变量来找到市场的空白和发现可能出现的商机。

市场定位操作过程中，变量和状态选对了，就可以产生新的思路、新的方法、新的策略；选错了，就会造成分析上的失误和错误的实践。

小知识　市场定位的策略

广告奇才奥格威对定位所下的定义是“这个产品要做什么，是给谁用的”。而在这个竞争者导向的时代里，我们更应该加入竞争因素的考虑。因此，关于定位，我们应该先问三个问题：什么样的人会来买这个产品（目标消费者）？这些人为什么要来买这个产品（产品差异点)？目标消费者会以这个产品替代什么产品（竞争者是谁)？

1. 目标消费者

对目标消费者的描述与掌握，是定位运作的首要因素。我们的描述要尽量明确、完整，以便指出进攻的方向。

在描述目标消费者时，我们可以把人口统计资料与心理描绘资料一起使用，例如：雀巢咖啡——讲求生活品位，力争上游的年轻经理人；雀巢儿童专用奶粉——关心1~12岁小孩成长的妈妈。这两个例子对目标消费者的描述还算粗略，还可以更进一步组合，如收入、年龄、教育程度、居住地区、性别、生活形态以及价值观等。不过，它们至少帮我们指出了一个方向，即以明确的字眼，书面的方式，详细描述我们的目标消费者。

2. 产品差异点

每一种产品都必须提出有力的差异点，以便说服消费者前来购买，此即购买原因。不论这个差异点是实质的还是心理的，信手拈来就有不少例子。

雀巢儿童专用奶粉——添加钙、铁、维生素，帮助孩子成长得更好。

娃哈哈儿童可乐——不含咖啡因的可乐。

由经营者提出一种具有独特吸引力的主张。一旦消费者接受这种主张，则由于它是经营者率先提出的，其他经营者也无法跟进，因此，它就变成该经营者的宝贵资产。

例如，王老吉凉茶因为受到饮食习惯和口味等限制，销售区域一直停留在广州、温州一带，2002年前每年的销量只有1亿多元人民币。2002年年底，王老吉重新定性，从“中药凉茶”重新定位为“预防上火的饮料”，克服了广大消费者认为王老吉是中药的心理障碍。而且根据王老吉“预防上火的饮料”这个定位，改变了王老吉的渠道战略，让它走进了火锅店、湘菜馆等渠道。“怕上火，喝王老吉”的广告语深入人心。新定位启动两年后，王老吉成功打开了全国市场，销量在两年内实现了从1亿多元到10多亿元的历史性突破。

3. 竞争者

确定在消费者心目中，自己是在哪个市场与谁竞争，有助于了解自己被放在哪个阶梯、哪层梯子，以及敌我之间的消长。当然，如果可能，应该尽量避免与市场领导者正面冲突，而采取迂回战术。最好是先找一个闲置的位置，等基础稳固后，再去渗透已被占有的位置。例如，加多宝与王老吉的竞争，都是典型的营销案例。

二、市场定位程序

市场定位虽然有多种方式，但其基本程序一般为以下四个操作过程。

1. 构建目标市场结构

任何一种产品都有许多属性或特征，如价格的高低、质量的优劣、规格的大小，功能的多少等。其中两个以上的属性变量就可以建立起一个市场结构图。

2. 标出竞争对手优势

将各竞争对手在目标市场上的实力表明到市场结构图上，注明各自销售额的大小。

3. 初步定位

一般情况下，有三种定位方案可供选择。

（1）避让定位　避让定位也叫错位定位，即把自己产品确定在当前目标市场的空白地带。这一定位可以避开竞争，获得进入市场的先机，先入为主地建立对自己有利的市场地位。

但在决定采取避让定位时，必须搞清楚以下问题：①这一市场空缺为什么存在？是竞争对手没有发觉、无暇顾及还是因为根本没有市场开发前景？如果该市场确有市场需求，那么要考虑潜量是否足够大，如果收益无法弥补成本或弥补成本开支后只有微利，经营者一般不会采取这一策略。②经营者是否有足够的技术力量去开发产品，是否有一定的质量保证体系和售后服务体系？否则只能造成资源的浪费。

（2）插入定位　插入定位即经营者将自己的产品定位于竞争者市场产品的附近，或者插入竞争者已占据的市场位置，与竞争对手争夺同一目标市场。采取这一策略的好处是，经营者无须开发新产品，仿制现有产品即可。这是因为现有产品已经畅销于市场，经营者不必承担产品销售不畅的风险，能免去大量的研究开发费用。

同时，实施插入定位必须有三个前提条件：①在经营者意欲进入的目标市场还有未被满足的需求，即该市场除现有的供给外还有吸纳更多商品的能力。②经营者推出品牌产品时，应有特色。这是因为消费者对现有产品已有一定的了解，新产品没有特色难为消费者所接受。③没有法律上的侵权问题。

（3）取代定位　取代定位是将竞争对手赶出原来的位置，或者兼并竞争对手而取而代之。经营者采取这一定位策略的原因，一是没有其他区域可去选定；二是经营者实力较雄厚，有能力击败竞争对手，扩大自己的市场份额。

当然，采取取代定位策略应具备以下条件：①经营者推出的产品在质量、功能或者其他方面有明显优于现有产品的特点；②经营者能借助自己强有力的营销能力使目标市场认同这些优势。

4. 正式定位

在初步定位后，经营者还应做一些调查和试销工作，及时找到偏差并立即纠正。即使初步定位正确，也应视情况变化随时对产品定位进行修正和再定位。

三、差异性定位策略

市场定位对一个经营者来说是十分重要的。它是“纲”，定位准确才能“纲举目张”，才能有效地组合各类营销手段；它是“杠杆”，能以较小的“投入”举起更大的“产出”。市场定位的策略除了前面已论述过的避让定位、插入定位、取代定位之外，还有以下策略。

1. 差异性定位策略的内容

经营者一旦选定了目标市场，就要在目标市场上为其产品确定一个适当的市场位置和特殊印象。但在营销实际中，我们经常会发现这样一种情况，即在同一市场上出现许多相同的产品，这些产品往往很难给顾客留下深刻的印象。因此，经营者要使产品获得稳定的销路，就应该使其与众不同、创出特色，从而获得一种竞争优势。差异性有以下几个方面的内容。

（1）产品实体差异化　产品实体差异化包括产品特色、产品质量、产品式样等方面。

（2）服务差异化　当实体产品不易与竞争产品相区别时，竞争制胜的关键往往取决于服务。

（3）形象差异化　即使产品实体和服务都与竞争经营者十分相似，顾客依然可能接受一种经营者产品形象的差异化。如大多数香烟味道差不多，万宝路烟借助其“西部牛仔”形象夺得一定的市场份额。

2. 差异性定位策略的要点

在实施差异性定位过程中，应掌握如下要点：

（1）从顾客价值提升角度来定位　产品差异化的基础是消费需求的差异化，顾客也因此为各种产品或服务所吸引。消费需求是产品差异化的前提，没有前者也就没有后者，经营者不能为了差异化而差异化，每一个差异化定位首先要考虑消费者是否认可，是否使用本经营者产品所获得的价值高于其他产品。因此，经营者在定位时应重点把握定位的意义。

（2）从同类经营者特点的差异性来定位　同行经营者中，每个经营者都有它的特殊性，当一个经营者特点是其他经营者所不具备的，这一差异性即可成为定位的依据，如市场上的枣制品很多，但为什么市场占有率却有很大的反差？“好想你”枣业为什么能独占鳌头？关键是“好想你”枣业有一个全国性的销售网络。因而，便利就成为“好想你”枣业公司产品定位的要点之一。

（3）差异是可以沟通　差异化应该是可以沟通的，是顾客能够感受到的，是有能力购买的。否则，任何差异性都是没有意义的。

（4）差异性不能太多　当某一产品强调特色过多，反而失去特色，也不易引起顾客认同。

四、重新定位策略

重新定位一般有三种情况：

1. 因产品变化而重新定位

这是因产品进行了改良或产品发现了新用途，为改变顾客心目中原有的产品形象而采取的再次定位。

（1）因产品变化而重新定位　有的产品因市场竞争等原因，不断地否定自己，又不断地对产品进行改良。当改良产品出现后，其形象、特色等定位也随之改变。

（2）因产品发现新功能而重新定位　许多产品在投入使用过程中会超出发明者当初的设想而发现一些新用途，为了完善产品的形象，扩大市场，产品需要重新定位。

2. 因市场需求变化而重新定位

由于时代、社会条件的变化以及顾客需求的变化，产品定位也需要重新考虑。如人们生活富裕了，要养生，要保健减肥，因而希望食品中糖分尽量少些。某一品牌奶粉在20世纪50～60年代针对消费者喜爱强调含糖分，进入80年代则强调不含糖分，正好迎合人们“只要健康不要胖”的心理。

3. 因扩展市场而重新定位

市场定位常因竞争双方状态变化、市场扩展等而变化。美国约翰逊公司生产的一种洗发剂，由于不含碱性，不会刺激皮肤和眼睛，市场定位于“婴幼儿的洗发剂”。后来，随着美国人口出生率的降低，婴幼儿市场日趋缩小，该公司改变定位，强调这种洗发剂能使头发柔软，富有色泽，没有刺激性。

五、市场定位策略的分类

1. 市场领导者的策略

在同行业中，往往有一家这样的大农产品经营者，它的经济实力雄厚，产品拥有最大的市场占有率，被公认处于市场领导者的地位。这类农产品经营者为了维护其领导者的地位，通常把自己的整体形象定位在消费者偏爱范围的中心位置，这样的定位最能适合广大顾客的需要，市场占有率最大。

2. 市场挑战者的策略

在同行业中，一些大农产品经营者处于第二位、第三位的市场地位，它们不甘心被领导，乐于市场竞争，抢占市场领导者的位置，以提高市场占有率，增加盈利。这类农产品经营者的市场定位是把自己的整体形象定位在尽量靠近市场领导者的位置，缩小与领导者的差别，便于争夺市场领导者地位。

3. 市场追随者的策略

在同行业中，一些处于市场第四位、第五位的农产品经营者，或处于第二位、第三位的农产品经营者，它们从利润出发，不愿意冒风险与市场领导者争夺市场领导地位，而宁居次要地位追随、模仿市场领导者。这类农产品经营者一般选择的定位策略有三种：一是紧随其后；二是有距离追随；三是有选择追随。例如：当市场竞争对手已稳坐领先者交椅时，与其撞得头破血流，不如把自己产品比附于领先者，以守为攻。美国艾维斯汽车租赁公司的广告是“在租车业中，我们不过第二位，那为什么还要租用我们的车？我们更卖力。”艾维斯在连续 13 年亏损之后，一经定位，第一年即赚了 120 万美元，第二年赚 260 万美元，第三年赚 500 万美元。

4. 市场补缺者的策略

在同行业中，一些小型农产品经营企业因为资源有限，无法与大农产品经营企业相争，只能经营一些被大企业忽视的小市场。这类农产品经营企业把自己的整体形象定位在远离领导者的位置上，以避免市场竞争，发展自己的事业。例如：在市场细分化基础上，针对某一市场予以定位策略。上海方便面市场展开激烈竞争，“统一”方便面认真分析市场后认为，中高档市场已被“康师傅”占领，低档次的已有“营多”等分布，而恰在中低档处有一个缝隙，即 1 元左右的方便面较适合大中学生的消费水平，于是把自己产品定位于这一细分市场。同理，不少零售经营者也按照市场需求、竞争对手状况和自身特征予以定位。有的定位于“白领”，有的则定位于“工薪”。上海太平洋百货则把“淑女”作为自己的目标市场，围绕这一定位组合各类营销手段，获得了成功。

案例——德青源品牌鸡蛋的市场定位

在北京松山脚下，有一片800亩的生态园，园内19幢房屋整齐有序，房屋内的温度一年四季维持在22～24℃，房屋的主人吃的是绿色食品，喝的是山泉水，房间周围青山良田环绕，空气清新，环境一流。这些房间的主人不是高官巨贾，而是德青源的300万只鸡。

这里是德青源的生态园，位于离北京市区100千米的北京松山国家自然保护区。生态园每年生产5亿枚鸡蛋，从这里产出的品牌鸡蛋，已经占据了北京市场品牌鸡蛋份额的80%，如果连非品牌鸡蛋也算在内，份额是25%。也就是说，北京人每吃4个鸡蛋，其中就有一个是德青源的鸡蛋。而且，北京很多五星级酒店，如中国大饭店、凯宾斯基等都在用德青源的产品，而有些高端蛋糕房，还特意将“本店用德青源鸡蛋”印在了自己的宣传册上。品牌鸡蛋，这个被市场细分之后的领域，已经被德青源越做越大，越做越广阔。

北京德青源农业科技股份有限公司的创始人是钟凯民，现在担任公司的董事长。在德青源的生态园里，他指着那片在青翠包围中的红顶房屋告诉我们，十只鸡对食物和水的消耗量相当于一个人，300万只鸡相当于30万人在这里居住，相当于一个中等的城市。在他云淡风轻的语气背后，是将近十年的峥嵘岁月。

1. 发现未被满足的需求

钟凯民是个很敏锐的人，他在创立德青源之初就显示出了远见，他将自己的目标消费群体定位于对于健康特别关注的人身上。当时是2000年，食品安全问题远远不像现在这样受人关注，人们对于鸡蛋的标准更是闻所未闻。

钟凯民是怎么发现这个市场的呢？他从小就喜欢吃鸡蛋，但是在小时候，只有在做了好事、受到表扬、考试成绩好的时候才能够吃到鸡蛋，鸡蛋在他的记忆里，是非常美味的回忆。但是在20世纪90年代后期，他发现，鸡蛋变得越来越不好吃了，而且蛋壳很软很薄，打开后蛋清很稀，经常是散黄的，蛋黄的颜色越来越浅，是很浅的黄色，吃起来没有蛋白的那种醇香味。钟凯民觉得很奇怪。

钟凯民在国外工作过很长时间，他发现国外的鸡蛋并不存在这样的问题。由于在中国农业科学院有认识的朋友，他就跟农业科学院的研究人员沟通，才得知原来鸡蛋有问题。当时市场上鸡蛋的竞争主要靠价格，没有质量上的竞争，并且农产品没有标准，大家也已经习以为常。

正是因为价格战成为大家生存下来的法宝，也就导致了鸡蛋的价格不断下滑。1996年的时候，一斤鸡蛋3.5元是正常的，但是到2000年的时候，价格已经跌到了1.6元每斤。伴随价格下滑的，是质量的不断下降。大家不再用一级玉米来喂鸡，而用二级、三级甚至是清仓的玉米、菜籽粕等低劣的食料，鸡生病以后，用报废的药渣来治疗，导致鸡体内的抗生素残留，鸡蛋内也含有抗生素。当时，有些了解这些情况的北京人，跑到很远的地方去买乡下的柴鸡蛋，许多人开车很远，到昌平、密云、承德、涿州等地，去买土鸡蛋、柴鸡蛋。

了解到这些情况以后，钟凯民从一个消费者的角度出发，就想，一定有一部分有知识、追求健康的人会需要更高品质、更安全、更营养的鸡蛋。

2. 明确自己的客户群体

中国是一个消费跨度很大的国家，要从中找出"愿意多花一两块钱去买一个好产品"的人，德青源首先想到的就是那些最高端的人群，比如政府官员、企业家、高级知识分子等。

后来，钟凯民意识到，不只这些最高端的人群有这样的需要。他将自己的目标顾客描述为具备两个特征：一是有健康意识，关注食品安全；二是有一定的收入。"鸡蛋是快速消费品，就算一个比别的贵一块钱，一天吃一个，一个月也就30块钱，对于一个家庭三口人增加几十块钱的消费也不是大问题。"

德青源最初先在中国农业科学院养了500只鸡，用了七个月的时间，用科学方式养的鸡下了第一批鸡蛋。钟凯民高兴地发现，这些蛋蛋壳很硬，蛋黄是橙黄色，打开后，不像其他鸡蛋那么容易打散，很有韧性，煮熟后鸡蛋味道很香。这些鸡蛋在农业科学院里卖0.5元一个，那时候普通鸡蛋大约0.2元一个，几百个鸡蛋很快就一售而空。很多人吃了以后觉得很好，马上打电话来订，这给了钟凯民进一步扩大生产规模的信心。

3. 消费者教育

要让更多的消费者知道食品安全的问题，在当时并不是一件容易的事。钟凯民说："一定要让消费者知道，鸡蛋有问题，我们才能真正实现消费行为。我们的鸡蛋从外观看就不一样，吃起来味道也不一样。我们相信产品力足够，问题在于怎么转变消费者观念。"

德青源花了四个月的时间与消费者沟通食品安全的问题。他们动员了将近100名大学生，利用暑假和周末的时间对他们进行培训，然后由这些大学生到社区宣传食品安全。德青源在北京选择了一些相对比较新的楼盘和高端的小区，还有一些机关小区、大学小区等，在四个月的时间里做了320个社区，大约送出去50万枚鸡蛋，差不多公司成立后四个月内的鸡蛋都送出去了。

这些社区的活动起到非常好的效果。当时是每个人免费发放两枚鸡蛋、一本宣传册，德青源还请了中国农业科学院的专家给大家讲解，可信度很高。他们选择下午5点到晚上9点的时段，正好是大家下班休息的时间，免费发放鸡蛋的地方经常是人山人海。有些人拿回去马上煮，吃完觉得很好，就问，哪里可以买到。

现在德青源的鸡蛋在品牌鸡蛋里也是最贵的，比普通鸡蛋高出一两倍的价格，但是普及率已经很高。钟凯民说："每天北京有200万人来吃这个鸡蛋，不是个小数目。"

这部分高端消费群体也在问德青源，能否提供更多的产品，比如有机蔬菜。钟凯民的回答是："鸡蛋一个产业已经很大了，我们能够做的事情很多很多，尽量先把一件事情做好。"

案例解析

德青源的市场定位，解决了大家对食品安全的需求。满足了消费者的需求才能获得消费者的认可。经营者的利益和价值也就得以实现。

思考与练习

1. 基本概念

   市场细分

   目标市场

   市场定位

2. 简述题

   简述市场细分的作用。

   简述影响目标市场选择的因素。

   简述市场定位的程序。

3. 思考题

   试述差异性定位策略的内容及要点。

   思考市场定位在农产品市场营销中的意义和作用。

模 块 五
制定农产品市场营销策略

【学习目标】

1. 了解产品的整体、产品的生命周期、分析渠道、概念。
2. 掌握农产品的定价策略、调价技巧、农产品促销技巧和原则。
3. 熟悉农产品的分销渠道、分销策略，以及促销策略和方法。
4. 理解农产品市场营销策略四个关键内容的关系。

学习任务1 把握农产品生命周期

一、产品

产品是经营者的立命之本。

1. 产品的概念

农产品市场营销是以满足市场需要为核心目标，而市场需要的满足只能通过提供某种农产品来实现。因此，产品是市场营销的基础，其他的各种市场营销策略都是以产品策略为核心展开的。因此，让我们先来认识，什么是产品？

人们通常理解的产品是指具有某种特定物质形状和用途的物品，是看得见、摸得着的东西。这是一种狭义的定义。

产品不仅仅是个生产过程，更是一个经营过程。在现代市场经济条件下，每一个农产品营销者应致力于产品整体概念的开发和产品组合结构的优化，并随着产品生命周期的演化，及时开发新产品，以更好地满足市场需要，提高产品竞争力，取得更好的经济效益。

而对于经营者来说，产品是指人们通过购买而获得的能够满足某种需求和欲望的所有物品的总称，它既包括具有物质形态的产品实体，又包括非物质形态的利益，这就是“产品的整体概念”。

小知识　农产品安全将成为经营者的核心竞争力

农产品安全这几年已经成为触动全民神经的一个最大话题，百姓谈食色变。随着消费者对农产品安全的重视和行业执法力度的加大，农产品安全问题会得到改善。有良心的农产品经营者，应当从农产品源头和生产全程监管等多个方面彻底改善农产品安全。那些不重视品质的经营者很可能会被突发事件“秒杀”出局，相反那些重视农产品安全的品牌，有可能成为黑马。

2. 产品整体概念

产品整体概念通常从四个方面来表述。

（1）核心产品　核心产品指产品能够提供给消费者的基本效用或益处，是消费者所追求的核心内容。如馒头是为了充饥，西瓜是为了解渴等。因此，经营者在开发农产品时应明确地确定产品能提供的利益，该产品才具有吸引力。

（2）视觉产品　视觉产品是产品在市场上出现时的具体物质外形，它是产品的形体、包装等。核心产品只有通过视觉产品才能体现出来。产品的视觉特征主要指质量、外观、大小、包装等。如面粉，它不仅仅指把小麦加工成面粉，还包括它的灰分、面筋指数、品相、容量等。

（3）附加产品　附加产品指消费者购买产品所得到的各种附加利益的总和。它包括：送货、使用指导、质量保证等售前售后服务。由于产品的消费是一个连续的过程，因此，服务是不能少的。可以预见，随着市场竞争的激烈展开和用户要求不断提高，附加产品越来越成为竞争获胜的重要手段。

（4）心理产品　心理产品指产品的品牌和形象提供给消费者心理上的满足。农产品的消费往往是生理消费和心理消费相结合的过程，随着人们生活水平的提高，人们对农产品的品质和品牌看得越来越重，因而它也是产品整体概念的重要组成部分。

有关产品整体构成见下图：

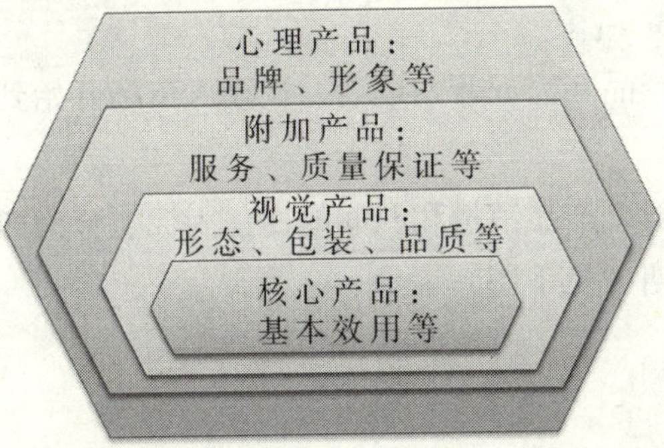

产品整体构成图

3. 产品整体概念的意义

产品整体概念，是市场经营思想的重大发展，它对经营者有着重大意义。

(1) 指明了产品是由视觉特征和心理感受构成的综合体　一方面经营者在产品设计、开发过程中，应有针对性地提供不同功能，以满足消费者的不同需要，同时还要保证产品的可靠性和经济性。另一方面，对于产品的心理感受也应充分重视，因为，它也是影响消费者购买产品的重要因素。

产品的视觉特征和心理感受的关系是相辅相成的，心理感受包含在视觉特征之中，并以视觉特征为后盾；而视觉特征又需要通过心理感受来强化。

(2) 产品整体概念是一个动态的概念　随着市场消费需求水平和层次的提高，市场竞争焦点不断转移，对经营者产品提出更高要求。为适应这样的市场变化，产品整体概念的外延处在不断再外延的趋势之中。当产品整体概念的外延再外延一个层次时，市场竞争又将在一个新领域展开。

(3) 对产品整体概念的理解必须以市场需求为中心　产品整体概念的四个层次，清晰地体现了一切以市场需求为中心的现代营销观念。衡量一个产品的价值，是由消费者决定的，而不是由经营者决定的。

(4) 产品的差异性和特色是市场竞争的重要内容　产品整体概念四个层次中的任何一个要素都可能形成与众不同的特点。经营者在产品的效用、包装、款式、品牌、形象等每一个方面都应该按照市场需要进行创新设计。

(5) 把握产品的核心产品内容可以衍生出一系列有形产品　一般地说，视觉产品是核心产品的载体，是核心产品的转化形式。这两者的关系给我们这样的启示：把握产品的核心产品层次，产品的包装、特色等完全可以突破原有的框架，由此开发出一系列新产品。

二、产品生命周期

1. 产品生命周期的概念

产品生命周期指产品在完成开发以后，从投入市场开始到被市场淘汰为止所经历的时间周期。

产品生命周期一般以产品销量和利润的变化为标志分为四个阶段：导入期、成长期、成熟期、衰退期（见下图）。

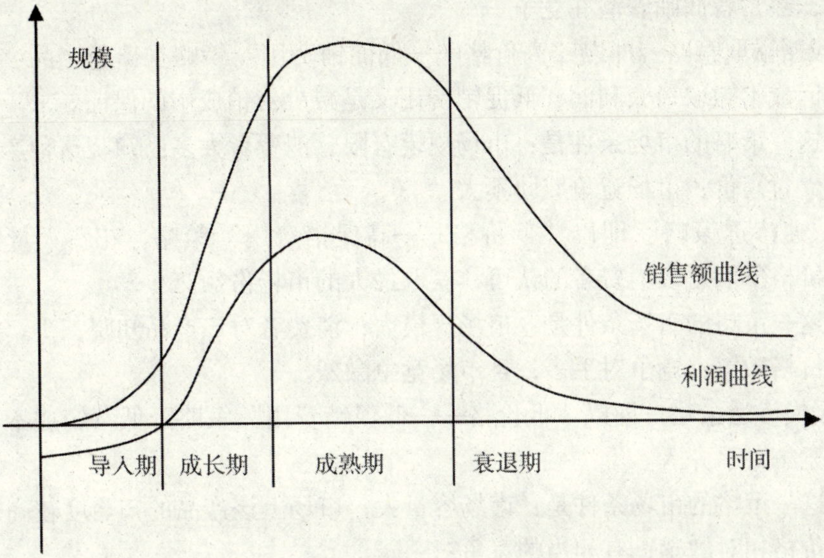

产品生命周期

2. 产品生命周期的特征

在产品生命周期的不同阶段中，销售量、利润、消费者、市场竞争等都有不同的特征，这些特征可用下表概括。

产品生命周期不同阶段特征

项目	导入期	成长期	成熟期		衰退期
			前期	后期	
销售量	低	快速增长	继续增长	有降低趋势	下降
利润	微小或负	大	高峰	逐渐下降	低或负
消费者	爱好新奇者	较多	大众	大众	后随者
竞争	甚微	兴起	增加	甚多	减少

3. 产品生命周期各阶段的营销策略

由于产品生命周期各阶段的特点不同，经营者在各阶段做出的经营决策的内容也不同。

（1）导入期营销策略　这一阶段新产品刚投入市场销售，由于销售量少而且销售费用高，经营者往往无利可图或者获利甚微，经营者营销重点主要集中在“促销——价格”策略方面。

1）快速撇取策略　即以“高价格——高促销水平”策略推出新产品，迅速扩大销售量来加速对市场的渗透，以图在竞争者还没有反应过来时，先声夺人，把本钱捞回来。采用这一策略的市场条件是：绝大部分的消费者还没有意识到该产品的潜在市场；消费者了解该产品后愿意支付高价；产品十分新颖，具有老产品所不具备的特色；经营者面临着潜在竞争。

2）缓慢撇取策略　即以“高价格——低促销费用”策略推出新产品，高价可以迅速收回成本撇取最大利润，低促销费用又是减少营销成本的保证。

采用这一策略的市场条件是：市场规模有限；消费者大多已知晓这种产品；消费者愿意支付高价；市场竞争威胁不大。

3）快速渗透策略　即以“低价格——高促销费用”策略，花费大量的广告费，以低价格争取更多消费者的认可，获取最大的市场份额。

采取这一策略的市场条件是：市场规模大；消费者对该产品知晓甚少；大多数消费者对价格敏感；竞争对手多，且市场竞争激烈。

4）缓慢渗透策略　即以“低价格——低促销费用”策略降低营销成本，并有效地阻止竞争对手介入。

采取这一策略的市场条件是：市场容量大；市场上该产品的知名度较高；市场对该产品价格相对敏感；有相当的竞争对手。

（2）成长期营销策略　成长期的主要标志是销售量迅速增长。这是因为，已有越来越多的消费者喜欢这种产品，大批量生产能力已形成，分销渠道也已疏通，新的竞争者开始进入，但还未形成有力的对手。在这一阶段的经营者营销应尽力发展销售能力，紧紧把握取得较大成就的机会。

1）改进产品质量和增加产品的特色、款式等　在产品成长期，经营者要对产品的质量、性能、式样、包装等方面努力加以改进，以对抗竞争产品。

2）开辟新市场　通过市场细分寻找新的目标市场，以扩大销售额。在新市场要着力建立新的分销网络，扩大销售网点，并建立好经销制度。

3）改变广告内容　随着产品市场逐步被打开，该类产品已被市场接受，同类产品的各种品牌都开始走俏。此时，经营者广告的侧重点要突出品牌，力争把上升的市场需求集中到经营者自身的品牌上来。

4）适当降价　在扩大生产规模、降低生产成本的基础上，选择适当时机降价，适应多数消费者的承受力，并限制竞争者的加入。

（3）成熟期营销策略　成熟期的主要特征是：“二大一长”，即在这一阶段产品生产量大、销售量大，阶段持续时间长。同时，此时市场竞争异常激烈。为此，经营者要防止消极防御，采取积极进攻的策略。

1）市场改进策略　通过扩大消费者队伍和提高单个消费者使用率，来提高销售量。

2）产品改进策略　通过改进现行产品的特性，以吸引新用户或增加新用户使用量。

3）营销组合改进策略　通过改变营销组织中各要素的先后次序和轻重缓急，来延长产品的成熟期。

（4）衰退期营销策略 产品进入衰退期，销售量每况愈下；消费者已在期待新产品的出现或已转向；有些竞争者已退出市场，留下来的经营者可能会减少产品的附带服务；经营者经常调低价格，处理存货，不仅利润下降，而且有损于经营者声誉。因此，在衰退期的营销策略有以下内容。

1）收缩策略 即把经营者的资源集中使用在最有利的细分市场、最有效的销售渠道和最易销售的品种上，力争在最有利的局部市场赢得尽可能多的利润。

2）榨取策略 大幅度降低销售费用，也降低价格，以尽可能增加眼前利润。这是由于再继续经营市场下降趋势已明确的产品，大多得不偿失。而且不下决心淘汰疲软产品，还会延误寻找替代产品的工作，使产品组合失去平衡，削弱了经营者在未来的根基。

上述内容可用下表来概括。

产品生命周期不同阶段的营销策略

	导入期	成长期	成熟期	衰退期
产品策略	确保产品的核心产品层次	提高质量、改进款式、特色	改进工艺、降低成本、产品改进	有计划地淘汰滞销品种
促销策略	介绍产品	品牌宣传	突出经营者形象	维护声誉
分销策略	开始建立与中间商的联系	选择有利的分销渠道	充分利用并扩大分销网络	处理淘汰产品的存货
价格策略	撇脂价或渗透价	适当调价	价格竞争	削价或大幅度削价

4. 产品组合策略

产品组合策略：经营者根据其目标和市场竞争环境，对产品组合的宽度、长度、深度和密度进行抉择，使之形成最佳的产品组合。

（1）扩展策略 扩展策略包括扩展产品组合的宽度和长度。前者是在原产品组合中增加一条或几条产品线，扩大经营者的经营范围；后者是在原有产品线内增加新的产品项目，发展系列产品。

一般当经营者预测现有产品线的销售额和盈利率在未来几年要下降时，往往就会考虑这一策略。这一策略可以充分利用经营者的人力等各项资源，深挖潜力，分散风险，增强竞争能力。当然，扩展策略也往往会分散经营者的精力，增加管理困难，有时会使边际成本加大，甚至由于新产品的质量、功能等问题，而影响经营者原有产品的信誉。

（2）缩减策略 缩减策略是经营者从产品组合中剔除那些获利小的产品线或产品项目，集中经营那些获利最多的产品线和产品项目。

缩减策略可使经营者集中精力对少数产品改进品质，降低成本，删除得不偿失的产品，提高经济效益。当然，经营者失去了部分市场，也会增加经营者的风险。

（3）产品延伸策略　每一个经营者的产品都有其特定的市场定位。产品延伸策略是指全部或部分地改变经营者产品的市场定位。具体做法有向下延伸、向上延伸、双向延伸。

1）向下延伸　指经营者原来经营高档产品，后来增加一些中低档产品。

2）向上延伸　指经营者原定位于低档市场的产品线向上延伸，在原有产品的基础上增加高档产品项目，使经营者进入高档产品市场。

3）双向延伸　是指原生产中档产品经营者在取得市场优势后，决定同时向产品线的上下两个方向延伸，一方面增加高档产品，另一方面增加低档产品，力争全方面地占领市场。

三、农产品新品开发

农产品和任何产品一样，有着出现、成长、成熟和衰亡的生命周期。因此，农产品经营者不能只顾经营现有的产品，还要放眼未来，开发新产品。它不仅是经营者降低自身风险、提高效益的有效手段，也是提高竞争力的重要措施，更是创造新需求、增加新客户的最佳方式。

农产品市场营销中的新产品，可以认为与原有产品有新特征发现、新功能应用、新外观、新口味、新颜色等的变化，甚至新的加工工艺、新包装技术的采用，等等。新产品可以包括：全新的产品、换代的产品、改进的产品、仿制的产品等。

开发有市场潜力、满足市场需求的新产品，经营者必须遵循以下基本原则：①具有开发新产品的信息收集能力；②具有开发新产品的技术条件；③具有开发新产品的管理能力；④具有新品种的生产能力；⑤具有新产品的营销推广能力。

案例——获嘉黑豆的生命周期及衍生品

1. 获嘉黑豆的概况

黑豆营养丰富，含有蛋白质、脂肪、维生素、微量元素等多种营养成分，同时又具有多种生物活性物质，如黑豆色素、黑豆多糖和异黄酮、皂苷等。

黑豆中所含的不饱和脂肪酸，可促进胆固醇的代谢，降低血脂，预防心血管疾病，且黑豆的纤维质含量高，可促进肠胃蠕动，预防便秘，所以黑豆是不错的减肥佳品。如黑豆豆浆不像黄豆豆浆性冷，喝多了也不会拉肚子，而且还有治疗风湿、抗衰老等效果。黑豆浆和全麦面包，可以称为营养减肥早餐的黄金搭档，要减肥的美眉们可以吃得舒坦放心。黑豆一直被人们视为药食两用的佳品，因为它具有高蛋白、低热量的特性。黑豆中蛋白质含量高达36%～40%，相当于肉类的2倍、鸡蛋的3倍、牛奶的12倍，还能提供食物中粗纤维，促进消化，防止便秘发生。

获嘉黑豆有着悠久的种植历史，目前已获得国家农产品地理标志登记。

2. 获嘉黑豆的整体概念

核心产品：黑豆，唐代陈藏器的《本草拾遗》记载，黑豆能“明目镇心，温补。久服，好颜色，变白不老。”黑豆的核心层次是“满足饮食、保健的需要”。

视觉产品：黑豆已形成了礼品包装为主的视角产品；并延伸出黑豆腐竹、黑豆腐皮、黑豆饸饹条、黑豆面叶、黑豆油、黑豆茶等衍生产品。黑豆的视觉层次“从原始生态的豆，到方便食用的食品以及可以饮用的茶类等系列黑豆产品”。

附加产品：获嘉黑豆已获国家农产品地理标志登记。具有“补肾益阴，健脾利湿，除热解毒”的保健作用。

心理产品：代表了当地的特产，已经成为获嘉人走亲访友的必备礼品，表达了对亲朋健康的爱护。

3. 获嘉黑豆的产品生命周期

以前黑豆主要被用作牲畜饲料，那时人们崇尚白色食品，只有贫者和食不果腹的人才无奈食用黑豆。在医生和养生者发现并总结出黑豆的医疗保健作用后，黑豆逐渐成为药食同源的食品。随着人们生活水平的提高，人们开始注重保健。黑豆的保健功用逐渐被更多的人认识，黑豆保健市场逐年扩大，黑豆腐竹、黑豆腐皮、黑豆饸饹条、黑豆面叶、黑豆油、黑豆茶等相关的衍生产品相继出现，丰富了人们的食谱。

案例解析

主要被用作牲畜饲料使用的黑豆，随着牲畜逐渐退出农业开始，走到了产品的生命衰退期。然而，当越来越多的人重新发现了黑豆的保健作用后，黑豆重新得到了重视，成为保健品的新贵——保健黑豆，曾经每千克售价达到过200多元，是普通豆类价格的一百多倍——保健黑豆经历了产品的导入期。超高的利润让更多的经营者进入了黑豆市场，保健黑豆的供应量激增，许多经营者开始了分享保健黑豆的市场——保健黑豆进入了产品的成长期。随着市场竞争的加剧，保健黑豆的相对利润增幅开始下降，随后出现了黑豆油、黑豆面叶、黑豆腐竹、黑豆腐皮等大量衍生品——保健黑豆进入了产品的成熟期。成熟期持续的时间受到众多因素的影响，黑豆的未来发展是由市场决定的。

学习任务2　制定农产品销售价格体系

一、农产品价格的形成

价格和收入在农产品营销决策中起着非常重要的作用。市场需求和经营者追求利润把低价值的农产品转移到高价值的农产品的市场中。然而，成本、价格、收入和利润是有效调节农产品的营销策略的根本因素。

1. 影响农产品价格的因素

影响农产品价格的因素主要包括：①国家宏观政策、经济环境等；②由消费者的收入、习惯、需求量等；③经营者的生产决策以及生产规模；④经营者的增值服务、采购成本、流通成本、营销成本等；⑤天气、病虫害等一些不可预测因素；⑥农产品的替代品多而复杂，也是影响农产品价格的重要因素。

2. 农产品价格的特点及变动规律

农产品价格与工业品价格相比，有价格变动频繁、变动幅度大和地区差异大等特点。

尽管农产品的市场价格变动频繁，但这种变动又是有规律可循的，这就是农产品价格的季节变动规律和周期变动规律。例如，蔬菜刚上市时价格较高，到了大量上市时价格就会降低。有些农产品只能在特定的地区生产，如铁棍山药，生长在沁河南岸的温县北部及武陟西北部的地方。其他地区种植的山药均为非铁棍山药。因此会导致同一农产品因不同的地区产地导致价格差异巨大。

（1）季节变动规律　农产品随季节变动的规律主要是由农产品季节性生产规律所决定的。例如，草莓生长在春天，桃盛产在夏天，苹果到秋天才上市。农产品生产具有季节性，而人们的消费却是常年性的，因此农产品的价格随季节不同而变化。一般来说，应季农产品供应量大，价格相对较低；过季农产品需要储存与加工，且供应量减小，价格相对较高。

（2）价格周期变动规律　价格周期变动规律是指市场价格发生变动引起需求量变动，而农产品生产不能立即做出反应，只有等到下一个生产周期才能调整生产，调整了之后可能又会出现新一轮的变动，如此周期性地循环。

造成农产品价格循环周期变动的原因主要有三个：①农产品生产周期相对长，不可能像工业品那样根据市场供需状况和价格信号立即调整生产结构和生产量，改变市场供需状况；②当前大多数农产品还是由亿万分散的农户生产的，这种小生产与大市场的格局，使生产结构和生产数量难以迅速适应市场需求的变化；③当前多数农产品经营者仍处于封闭状态生产经营，还没有形成以市场为导向的经营观念，搜集不到市场供需变化的准确信息，只凭直观感觉决策，往往是某种农产品市场价格高便一哄而上；市场价格低又一哄而下，使生产总是滞后于市场供需。

(3) 经济发展周期的变动规律　在经济高速发展时期，就业率和收入快速提高，增加了对农产品的需求，从而刺激农产品价格的上升；反之，经济发展速度降低后，就业率和收入增长放缓，对农产品的需求也随之减弱，从而引起农产品价格下降。

(4) 节假日需求周期性的变动规律　节假日需求的变化导致市场供求量的变化。如春节和八月十五，消费者的需求激增，农产品的供应量往往是平时的数倍，节后需求量骤减，导致价格出现明显的变动。就像春节前的农产品，价格随时都在变动。

3. 农产品定价目标

影响农产品价格的因素虽然很多，但是农产品定价的目标是农产品经营者的具体模块，它是确定价格策略和营销策略的重要依据。农产品定价目标主要有以下几种：①以生存为目标，就是在激烈的竞争中，经营者处于不利的市场环境中实行的一种缓兵之计，只能作为短期行为目标。②以利润最大化为目标。只有该农产品在市场中处于有利地位时，才可以选用此方式。③以增加销售量为目标，为了降低单位产品的成本，通过增加销量达到盈利的方式。主要通过吸引对价格敏感的消费者。④以市场占有率为目标，在市场竞争中，为了增加市场占有率，提高市场控制能力，阻止竞争者进入的措施。⑤以适应市场为目标，为了稳步进入市场，以竞争者的价格作为定价基础，与竞争者保持相对稳定的关系，避免价格战的策略。

小知识　价格战将会让弱小经营者被淘汰

当前普通消费者的购买力增速不会高于物价、膨胀和 GDP 等的综合增速。对于普通百姓来讲，物美价廉的农产品将成为一种奢求，特别是肉食、粮油、蔬菜、生鲜等民生类农副产品。企业的人工、原材料和其他成本仍会继续增长，但民生类农产品在国家价格调控范围内，不会出现大幅涨价。因此，企业将承担更大的成本压力。大财团发起的价格战或者变相的密集买赠等促销，会让更多资金储备不足的企业感到资金紧张，一部分弱小企业可能面临被吞并或倒闭的风险。

二、农产品的定价方法

农产品经营者往往需要根据不同的情况、不同的定价目标，采取不同的定价方法。常用的定价方法包括：

1. 成本导向定价法

成本导向定价法是以产品单位成本为基本依据，再加上预期利润来确定价格的方法。

其优点是：①它是比较简单的定价法，简单易用；②在考虑生产者合理利润的前提下，当顾客需求量大时，价格显得更公道些。

其缺点是：①不考虑市场价格及需求变动的影响；②不考虑市场的竞争问题；③不利于农产品经营者降低产品成本。

克服成本导向定价法不足的方法：农产品经营者可按产品的需求价格弹性的大小来确定成本加成比例，成本加成比例和价格是否确定合理，主要依赖于需求价格弹性估计的准确程度。这就需要经营者必须密切注视市场，只有通过对市场进行大量的调查、详细的分析，才能估计出较准确的需求价格弹性，从而制定出正确的产品价格，增强农产品经营者在市场中的竞争能力，增加农产品经营者利润。否则，无法达到预期目标。

2. 需求导向定价法

需求导向定价法是依据消费者对农产品价值的理解和需求差别来制定价格的方法。比如，相同的农产品因消费者需求和认识的差别，可以采用不同的价格。

在产品供过于求时，农产品经营者运用需求导向法定价，效果会更好。这种定价方法以销售地点、销售时间、产品质量、销售方式等发生变化所产生的需求差异为定价依据，对同一产品，根据不同的需求制定不同的价格。其主要包括以下几种：①根据地区差异定价；②根据季节差异定价；③根据质量差异定价；④根据购销差异定价；⑤根据批零差异定价。

采用这种定价方法，要具备以下几个前提条件：①要搞好市场细分，各细分市场的需求差异比较明显；②要防止“转手倒卖”；③实行差异定价要有充足的理由，避免引起顾客的反感；④不能因实行差异定价增加过大的开支，否则得不偿失。

3. 竞争导向定价法

在竞争十分激烈的市场上，农产品经营者通过研究竞争对手的生产条件、服务状况、价格水平等因素，依据自身的竞争实力、参考成本和供求状况来确定农产品价格。

竞争导向定价主要的形式——随行就市定价法。随行就市定价法常用于质量差异不大、竞争激烈的产品，或者成本不易测算、市场需求和竞争者反应难以预料的产品。其优点：一是容易被消费者所接受，因为通行价格往往被人们认为是“合理价格”；二是可以使自己获得平均利润；三是可以避免挑起激烈的价格战，造成两败俱伤。

随行就市定价法是农产品定价最常用的方法。其主要是根据生产季节、货源供应情况及产品质量等随行就市定价。生产旺季，价格就低一些；有时一天中的价格也不一样，特别是新鲜蔬菜和水果，早晨一般价格较高一些，到下午蔬菜的新鲜度下降，价格就会相对低一些。例如，黄瓜定价：甲经营者的黄瓜价格是6.4元/千克，乙经营者的黄瓜价格是7.0元/千克，根据随行就市定价策略，自己的黄瓜定价为6.6元/千克。

三、农产品定价策略

1. 折扣定价策略

折扣定价策略是为了鼓励消费者及时付款、大量购买等采用低于基本价的策略。

折扣定价策略主要包括：现金折扣、数量折扣、功能折扣、季节折扣等方式。

2. 心理定价策略

心理定价策略是针对消费者的不同消费心理，制定相应的价格，以满足不同类型消费者的需求的策略。

心理定价策略一般包括尾数定价、整数定价、习惯定价、最小单位定价、招徕定价。

3. 促销定价策略

农产品属于价格敏感性的大众消费品，常运用促销价格以吸引眼球、增加销售的策略。

促销定价策略常在节假日进行，如节假日的“买一送一”“大酬宾”等优惠活动，都是以招徕顾客为目标的定价策略。比如，超市节假日中，牺牲某种产品的销售利润，甚至低于成本的价格进行促销，让消费者明显感觉到该产品价格明显低于周边市场，选购有利可图，踊跃前往购买。

4. 声望定价策略

一般消费者都有面子需求，经营者将有品牌的产品，制定比市场中同类产品价格高的价格，它能有效地消除消费者心理障碍，使消费者不但产生信任感和安全感，而且会有面子。

5. 新品定价策略

新品定价策略常根据新品的特征选择不同的价格策略。

当经营的新品供应不足，或是培育的新、奇特品种，采用撇脂定价，其价格要高出其价值的几倍或十几倍，以获取最大的利润。

当经营者的新品需求弹性较大，价格低，销量大，价格高，销量就显著下降，此时采用渗透定价，其价格定得较低，让产品迅速占领市场。

当经营者的新品具有显著的特征，又不是必需的产品，常采用适中的价格，这种定价策略可能使经营者和顾客都比较满意。这种定价策略适宜于优质、特色的农产品。

四、农产品的调价

1. 影响农产品调价的因素

由于农产品价格受众多因素的影响，农产品的价格调整具有常态性。农产品价格调整有主动调价和被动调价，价格走向又可分为提价和降价。其原因和对策见下表。

农产品价格变动的原因及对策

	走向	原因	对策
主动调价	提价	产品供应不求； 成本增加	控制提价幅度 向消费者说明情况 帮助大宗顾客降低提价的影响
	降价	产品供应过剩； 产品成本降低； 市场扩张； 新品上市，老产品清仓	控制降价频率，不宜频繁降价 淡季降价比旺季降价有利
被动调价	提价	通货膨胀； 场地租金上涨等	合理涨价，帮助大宗客户降低成本
	降价	销量下降； 市场份额降低； 竞争加剧	销量下降时，不宜降价

2. 降价技巧

降价技巧，就是经营者根据经营情况，对产品降低价格的几种经销方法。这种方法若使用得当，无论对经营者自己，还是对广大消费者，均有较大的好处。

（1）降价的意义　产品降价，可以扩大销售，增强竞争能力，促使经营者加强管理。一般来说，除产品滞销、陈旧变质等原因外，经营者要降价销售，就必须降低产品的成本。为此，经营者就要加强管理，降低消耗，提高劳动生产率。否则，一是无法降价；二是减少经营者收入。

（2）降价的形式　经营者产品降价，多采用如下形式。

1）经营性降价　经营者为了扩大产品销售，有时甚至将产品售价降到成本以下，以吸引消费者购买。随着产品销量的扩大，单位产品的成本大大下降，利润也就在其中了。这种降价，一般属高明的经营者行为。

2）优惠性降价　指经营者针对人们的求利心理，对带头购买、经常购买和大量购买的用户，给予优惠待遇，以鼓励他们扩大购买和经常光顾。此种“与人分利，于己得利”的策略，是扩大市场、争取客户的好办法。

3）陈旧性降价　指经营者的产品由于长期积压，在外观、性能等方面已发生陈旧或变质，消费者很少问津，经营者为了将死物变成活钱，用于进行再生产，可采取削价的形式，促使产品尽快售出。所以，陈旧性降价也称处理性降价。

4）竞争性降价　是经营者在产品的经销过程中为争夺用户所采用的低于竞争对手产品价格的一种策略和手段。

5）季节性降价　季节性降价是经营者对季节性产品所采用的一种经销手法。一般来说，在产品的销售旺季，可按正常价格售出；到了销售的淡季，便应降低产品价格。

6）效益性降价　效益性降价是经营者由于改进技术、加强管理、降低消耗，使产品的成本明显下降，从而降低产品的售价。降价后，经营者仍能保持较好的经济效益。同时，这种降价形式一旦实施，便可大大增强竞争能力，扩大产品销售，进一步提高经营者的经济效益。

（3）降价的技巧　降价的策略和技巧很多，上述六种降价形式中，每一种均体现着一定的策略和技巧。在销售实践中，还常采用如下降价技巧。

1）“零头”降价　即根据消费者的求廉心理，将产品的整数价格变为尾数价格。

2）弹性降价　即根据购物的不同数量，确定不同降价幅度的一种降价技巧。例如，一次购物在100件以内，产品按原价出售；一次购物100～500件，按原价的95%出售，等等。产品的弹性降价技巧，一般也称产品的折扣定价技巧，它可促使消费者多购产品。

3）自动降价技巧　例如，美国一家商店规定，店内出售的产品如12天后卖不掉，就自动降价25%出售；再过6天卖不出，就自动降价50%出售；再过6天卖不出，就自动降价75%出售；再过6天卖不出，就将产品送人或抛弃。该店这样做，开始时亏了本，但时间长了，受到了消费者的普遍欢迎。

4）自行降价技巧　一些易腐变质、当天必须售完的产品，如蔬菜、瓜果、鲜鱼等，若上午未售完下午就应自行降价，若下午仍未售完商店即应及时处理。

5）赠送降价技巧　例如，在出售铁棍山药的特产店，贴着这样的告示“每购买5斤山药，赠送礼品盒一个”。这就是特产店对铁棍山药采取的赠送降价技巧。经营者为吸引消费者购买产品，一般采用三种赠送降价技巧：

搭配奉送。即顾客买一样东西，店方送一个小纪念品。

配套发奖。即顾客在店里买东西，可凭发票到指定地点领奖。奖品大都是一些实用的或有纪念意义的物品。

减价优惠。即顾客买了东西后，可得到商店所发的优惠券，顾客凭券可在指定地方买到低价的产品。

6）逆反降价技巧　一般情况下，产品降价出售，总是由高到低，如100元降为90元。

但有的经营者在对产品进行降价时，却登出“100元可买110元产品”的广告。这种降价技巧，从表面上看，与“100元产品卖90元”没有什么差别，但仔细一想则不然：折扣的大小不同。“100元产品卖90元”，折扣价为产品价格的90%；“100元买110元产品”，折扣价为产品价格的90.91%。二者相差0.91%，即后者的折扣比前者略低，经营者可增加约1%的利润。

消费者的心理反应不同。“100元的产品卖90元”，消费者的直觉反应是削价求售，而“100元买110元产品”，即使消费者产生了货币价值提高的心理反应，产生“与产品降价无直接关系”的错觉。

实现的销售收入不同。在销售情况大致相同的情况下，“100元产品卖90元”，一次实现的销售收入为90元；“100元买110元产品”，一次实现的销售收入为100元。显然，后者比前者高出10元。

7）部分降价技巧　为吸引消费者购买，可在经营者出售的产品中挑选具有代表性的一两种产品进行降价，或者降低消费者敏感性较强的产品的价格。这样，既可直接吸引顾客前来购物，还可起到让顾客在购买降价产品的同时，也购买其他非降价产品的作用。

8）全面降价技巧　杭州市解放路百货商店在报纸和电视台登出一则广告：“凡本店出售的产品，其价格一律低于杭州市同类商店。如果有顾客买到的东西价格高于本市同类商店，均可持货物和单据到本店领取高出部分的差价。”在这里，该店就是采用了全面降价（低价）的技巧。从表面看，商店似乎减少了利润，其实并非如此。该店采用此法后，前来购物的人日渐增加，当月销售量就比上年同期上升45.7%，资金周转加快10.36天，利润增长44.9%。

（4）降价的要求　为使产品降价取得理想的效果，经营者必须努力做到以下几点。

1）降价的幅度要适宜　经营者产品的降价，应根据具体原因、目的和要求进行，降价的幅度既不宜过小也不宜过大。过小，不足以引起消费者的兴趣，达不到降价的目的；过大，既会给经营者带来一定的利益损失，又会引起消费者的猜疑。

2）降价的时机要恰当　对时尚产品，流行周期一过就应降价；对季节性产品，季末就应降价。一般来说，对新鲜产品，如蔬菜、水果、水产品等，在落市前就应降价；对一般产品，应尽可能在陈旧、变质前降价。在市场疲软时，对非紧俏产品可随时降价处理。

3）降价的次数应有所控制　总的要求是，经营者产品降价的次数不宜太多。一个产品的降价次数多了，会使消费者产生观望等待心理，不利于经营者的产品销售，也不利于经营者经销工作的正常开展。

4）降价的标签应显示出来　产品降价后，应将降价后的价格标签立即显示出来。制作降价后的价格标签，一种方法是划去原标价，再填写降价后的价格；另一种方法是换上降价后的新标签。根据中国物价部门1989年年初的规定，国家定价的产品，一律使用红色标签；国家指导价的产品，一律使用蓝色标签；经营者定价的产品，一律使用绿色标签。

3. 提价技巧

提价技巧就是经营者根据经营者的生产经营情况，对经营者产品实行提高价格的一种经销方法。

（1）提价的效应　产品提价，对经营者来说，既有有利的一面，又有不利的一面，会产生正、负两种效应。通过提价，可增加效益，改善经营管理。即在产品成本一定的情况下，产品提价可提高经营者的盈利水平，增加效益。如果产品的售价不变，成本提高，时间长了，经营者就会缺乏足够的承受能力，就会发生亏损。但提价也会减少销售，削弱产品的竞争力。消费者对提价有一种本能的反感，心理承受能力较弱。所以，产品提价必然会减少（特别是提价开始阶段）销售。同时，根据价值规律，无论产品是供大于求，还是供小于求，在产品质量一定的前提下，谁的产品价格低，谁就会吸引更多的买者。

经营者只有在发生下列情况之一时，才能对产品进行提价。

1）在产品供不应求，又一时难以扩大生产规模时，可考虑在不影响消费者需求的前提下，适当提高价格。

2）对需求弹性较小的产品，经营者为促进单位产品利润的提高和总利润的扩大，在不影响销售量的前提下，可适当提高价格，如食盐等。

3）产品的主要原材料价格提高，影响经营者的经济效益，在大多数同类经营者都有提高价格意向的前提下，可适当提高价格。

4）产品的技术性能有所改进，或功能有所提高，或服务项目有所增加，在加强销售宣传的前提下，可适当提高价格。

5）与竞争对手相比，经营者确信自己的产品在品种、款式等方面更受用户欢迎，在市场上已建立良好的信誉，而原定价格水平偏低，可适当提价。

6）经营者产品的生命周期即将结束，经营同类产品的经营者大多转产，经销人员在出售产品时，面对一些具有怀旧心理的消费者，可以使自己的产品“奇货可居”，提高价格出售。

（2）提价的要求　无论是因经营者的费用增加而提价，还是经营者根据市场情况提价，都有一定的风险，搞不好会适得其反。因此，经营者在提价时，必须遵循如下要求。

1）提价的幅度要适宜　产品提价的幅度不宜过大，一般应控制在这样的水平上：一是不宜高于经营者生产经营费用增加的幅度；二是不宜高于同类产品经营者提价的幅度。

2）提价的形式要灵活　可对产品直接提价，如从2元直接提到2.2元；可对产品间接提价，如改变结算方法、减少折扣；也可对产品搭配提价，如一种产品提价，可与另一种产品降价相配合。

3）提价的手法要巧妙　有些产品可通过改变其形状、材质、包装等手法提价，使用户易于接受。有些产品可通过增添附加物、增加服务项目，或赠送礼品等方法提价，使用户感到实惠。

4）选择好提价的时机　对产品性能改进等造成的技术性提价，应在用户需求量最迫切、反感程度较小的时候提价。如某种仪器经过改进，功能有所提高，用户又急等使用，则可适当提价。对产品成本提高造成的费用性提价，应向用户广泛宣传解释，取得广大用户谅解后提价。

5）控制提价的次数　产品提价要尽可能一步到位，不宜分步到位。在一定的时间内（如一年），经营者产品提价的次数不宜多于一次，否则容易遭到广大消费者的抵制。

6）提价后要进行情况跟踪　产品提价后，经营者的有关部门，如经销部门或财务部门，要对用户进行跟踪调查。调查的内容主要有：第一，用户对产品提价的承受能力。这种能力可称为产品提价的适宜程度。第二，消费需求的转移情况。一种产品提价，往往会使该种产品的相关产品或代用品的销量增加。由此可反映出该产品提价与相关产品或代用品价格之间的关系，从中分析产品提价的合理性。

7）提价的回落要慎重　随着经营者外部环境的改变和内部条件改善，产品提价后，经营者还要适时考虑价格的回落，设法将提高的价格再降下来。要回落价格，就要做好两项工作：一是挖潜。经营者只有通过挖潜，大搞技术革新，提高劳动生产率，才能减少消耗，降低成本，使价格回落建立在可靠的基础上。二是慎重。

案例——铁棍山药的价格变迁

铁棍山药是河南的著名特产之一，已有三千年的种植历史，曾为历代皇室之贡品，属于四大怀药（怀山药、怀地黄、怀牛膝、怀菊花）的极品，在国内外享有很高的知名度，现已被列为国家原产地保护产品，原产地为焦作怀庆府沁河沿岸一带（焦作温县、武陟、孟州、沁阳等地）。而传统铁棍山药的种植区域集中在沁河南岸、秦岭岗以北，东西长二十余华里、南北宽十余华里的范围内，仅限温县北部及武陟县西滑封以西的垆土地上。焦作周边也有种植，品质都不及传统地区所产，只有传统地区种植的才能叫作“铁棍山药”。

铁棍山药富含丰富的蛋白质、维生素和多种氨基酸与矿物质，既能补脾、肺、肾之气，又能滋养脾、肺、肾之阴，为气阴双补之珍品。然而普通山药，既没有铁棍山药的药用价值，也没有铁棍山药的营养价值高，只是单纯地做菜用。

改革开放初期，铁棍山药作为传统的中药及保健品，曾以干制品销往江苏、浙江、福建、广东、台湾以及东南亚等国家和地区，种植铁棍山药的效益好，以致每个乡镇都有好几家颇具规模的山药加工厂加工铁棍山药的干制品。

然而到了20世纪90年代，受市场需求和假货的影响，干制的铁棍山药制品需求量急剧下降，价格下跌，又加上外出打工收益及其他乡镇企业的发展，铁棍山药的种植面积急剧萎缩，山药加工厂多数关闭，铁棍山药进入生产低谷期，几乎找不到几亩成片的铁棍山药地。其种植多数是以自用为主。

进入21世纪后，随着经济的发展，生活水平的提高，养生需求的增长，铁棍山药作为传统的知名保健品又成为大家追寻的目标，铁棍山药的需求迅速增加。尤其是2008年9月胡锦涛总书记考察铁棍山药种植基地的新闻报道和2009年中央电视台的健康之路节目两次制作铁棍山药的专题，让全国消费者认识了铁棍山药。铁棍山药的价格一路飙升，鲜山药每斤曾经达到100多元的历史高价。

高价导致种植面积的增加，尤其是假冒铁棍山药的泛滥，导致铁棍山药价格迅速回落，当地农业部门积极为种植铁棍山药的农民提供认证的防伪标识，并加大宣传力度，为维护铁棍山药的价格做出了积极贡献，有利保护了当地农民的利益。

案例解析

价格与供求的关系具有明显的负相关性，并且是相互影响，相互转化的。因此，谁掌握了价格与供求关系的脉搏，谁就可以获得好的发展机会。

学习任务3　组建农产品分销渠道

由于经营者和消费者之间存在着时间、空间、数量、价格等方面的矛盾，产品从经营者手中到消费者手中要通过一定的渠道实现。因此，分销渠道的选择是市场营销工作中一项非常重要的内容。

小知识　无店铺销售渠道会成为农产品经营者的新选择

无论是依托重要客户、大终端、餐饮，还是自建专卖店，进场成本或者房租在营销中所占的比重都在不断提高。而农产品的零售价提高却不是件容易的事情。因此，直销、团购、网购、定制等无店铺销售方兴未艾，省去中间渠道，让利于消费者，是一件两全其美的好事。农产品销售渠道正在经历一场大变革，农产品经营者要做好渠道转型，才能把握行业大势。

一、分销渠道的含义

分销渠道，即产品销售途径，就是把农产品从经营者手中送到最终消费者手中的完整过程。包括四层含义。

1. 分销渠道是完整的产品流通过程

分销渠道的起点是生产经营者，终点是消费者，分销渠道作为产品流通的途径，一端连着经营者，另一端连接消费。因此它所组织的是从生产经营者到消费者的完整的产品流通过程，而不是产品流通中的某一阶段。

2. 分销渠道的积极参与者是中间商

分销渠道的积极参与者是产品流通过程中各种类型的中间商。产品从生产领域进入消费领域的整个过程中，要发生多次的买卖行为，以及各种类型中间商的交易活动。因此它可示意为：生产者——批发商——零售商——消费者，如同接力棒，一个环节接着一个环节。

3. 分销渠道以产品所有权转移为前提

生产商向消费者转移产品，应以产品所有权的转移为前提。如生产商将其产品直接售给消费者或用户，不经过中间商，这是直接转移产品所有权。但在通常情况下，生产商都是经过一系列中间商将其产品转卖给消费者或用户，也就是说，在分销渠道中要多次更替产品所有权，这是间接转移产品所有权。如果流通过程有代理商参与，如生产商——代理商——批发商——零售商——消费者，代理商对产品没有所有权，只是代客买卖，把产品所有权从生产商手中转移到其他中间商手中。

4. 分销渠道是产品实体的空间运动路线

分销渠道是指某种特定产品从生产商到消费者所经历的过程，分销渠道不仅反映产品价值形态变化的经济过程，而且也反映产品实体运动的空间路线。

产品的分销渠道构成营销活动效率的基础，要提高营销效率，应该以最低成本完成营销，对分销渠道的基本要求，应该是多渠道，少环节。

二、选择农产品分销渠道应考虑的因素

选择正确的分销渠道，要考虑农产品经营者的主观条件和客观条件等诸多因素，具体阐述如下。

1. 消费者的需求

从消费者角度来说，渠道空间的便利性、合理的价格、农产品的新鲜度、安全无污染是他们关心的问题。因此，必须围绕着消费者的需求来规划布局农产品的渠道。

（1）渠道空间便利性　农产品特别是蔬菜、水果等产品，是消费者每天都要消费的生活必需品。消费者对这些产品的分销渠道的空间便利性提出了很高的要求。因此采用密集型分销是比较合理的，主要方便消费者就近购买。

（2）产品价格　对于每天都要消费的农产品，消费者对其价格通常比较敏感。因此，如何控制成本是农产品渠道需要解决的问题。减少流通环节，可以有效地控制农产品成本，降低农产品价格。

（3）产品新鲜度　消费者普遍对农产品的新鲜度要求比较高。因此，一方面，要最大限度地减少诸多的中间环节，保持农产品的“鲜度”，减少损耗。另一方面，要加强保鲜、冷藏等技术的应用。

（4）产品安全　消费者对农产品的安全健康也非常重视。因此，一方面要加强保鲜、冷藏等技术的应用。另一方面，可以通过提升终端形象和档次，让消费者消除对产品质量的疑虑，产生一种信任感。

2. 农产品本身属性

鲜活的农产品在运输、储存、销售中会发生腐烂、发霉和病虫害，极易造成损失，周转要快，要尽量缩短流通环节，渠道越短越好；而比较耐久的农产品，则可以采用比较长渠道的销售。

3. 经营者本身的资源

（1）经营者的规模和声誉　实力很强、市场声誉高的经营者，一般利用少环节或直销渠道，而资金和条件有限的经营者，多数要依靠中间商的力量。

（2）管理能力　管理先进的经营单位，可以直接派出推销人员或自己设立销售网点，使渠道缩短；缺乏销售经验和能力的农产品经营者，则可依赖中间商。

（3）控制渠道的愿望　有些知名品牌，为了维护产品的声誉，控制产品的售价，宁愿花费较高的直接推销费用，采取短渠道销售；有的经营者只求卖出产品，不想控制分销渠道，大多依赖中间商销售。

（4）成本效益　经营者可供选择的分销渠道很多，但在选择过程中，要考虑成本和效益情况，注意选择低成本、效益好的方案，以利于提高其利润水平与竞争能力。

近年来，随着市场的不断发展成熟，不断形成了一些新型的渠道模式，比如农超对接、电子商务、连锁直销等。这些新型渠道模式的出现，可以大幅度提高渠道效率，便于控制渠道成本，是农产品生产者提高市场竞争力的有效手段和必然选择。

三、可供选择的分销渠道

1. 直销

不经过中间环节而把自己生产的产品直接销售给消费者或用户，消费者和用户完成了所有的营销活动，即：生产者——消费者（或用户）。

这是最短、最直接的渠道，由生产商直接控制产品的营销，从而可以迅速地得到顾客的反馈。像电话营销、送货上门、邮购、企业自办商店、展销会、合同销售等都属于这种形式。

直销适用于：①销售量增大或用户众多的情况下，采用这种形式；②一些珍贵的、高价的或复杂的产品也采用这种渠道营销。但它也有弊端，就是生产商销售工作量增大，而且可能会限制生产商销售市场面和顾客范围，不利于生产商增加销售和进一步发展。

2. 单一环节直销型

生产商将产品直接批发给零售商，再由零售商卖给用户，即：生产者——零售商——消费者。运用单一环节直销型，比直销型接触的市场面要广。但对生产商来说，要面对许多零售商进行销售业务，工作量仍相当大，而且市场面也有限，不利于生产和销售的进一步发展。

3. 多环节销售型

农户生产的产品经过多层次、多环节销售给用户，一般有几种形式：一、生产者——批发商——零售商——消费者。二、生产者——代理商——零售商——消费者。三、生产者——代理商——批发商——零售商——消费者。

这些形式使生产商市场接触面广泛，经营者信息来源广泛，扩大用户群，增加销售量，但是由于中间环节多，也可能引起产品的储运量增大，使产品到达用户之间的周期延长，造成经营费用增加或成本提高，直接影响到产品价格。

四、选择分销渠道

要在经营上取得成功，只有适销对路的产品还不够，还必须有恰当的渠道把产品送到消费者手中。

选择正确的分销渠道，要考虑经营者的主观条件和客观条件等诸多因素，其中关键的因素是目标市场的状况、产品的特点和经营者本身的资源状况。

1. 考虑目标市场因素

(1) 潜在顾客数量　如果潜在顾客的数量相对较少，可以考虑使用推销人员直接推销，相反，一般农产品顾客数目多，就必须考虑使用中间商进行广泛的销售活动。

(2) 市场分布状况　目标市场是集中还是分散，如果比较集中，一般可采用直接销售的方式；如果像农产品的目标市场比较分散，则使用中间商。

(3) 市场容量大小　对于一次性购买数量很大的用户，可直接供货；对于订单较小的用户，可以通过中间商进行销售。

从上述分析可以看出，农产品营销适宜使用中间商，而不适宜直销形式。

2. 考虑产品因素

(1) 价格　价格越高，越宜于选择短渠道模式，因为多一次中间转移，就要加上一定的中间商利润，会影响销路，一些价格较高的产品，最好是用推销员直销。

(2) 产品耐久性　易腐产品或式样容易过时的产品，周转要快，渠道越短越好；而耐久性比较好的产品，则可以采用长渠道销售。

(3) 产品技术性质　一般技术性较高的产品，或是售后技术服务非常重要的产品，应尽量缩短渠道；高技术的消费品，如通过中间商销售，必须设立服务中心，防止因无力承担服务而影响销售。

(4) 产品的体积、重量　体积大，重量也大的产品，宜短渠道销售，以减少流通费用。

3. 考虑宏观因素

这是不可控因素。如中国政府对农产品分配方式有许多规定，对一些关系国计民生的粮食，国家建有国有收贮渠道进行管理，有些产品实行国家专卖，如卷烟、食盐，这些规定必然影响经营者分销渠道的选择。

五、分销渠道策略

1 选择分销渠道的基本策略

(1) 综合性分销渠道策略　即运用多种分销渠道综合地推销自己的产品，即通过批发商把产品分布到各零售点，销售面十分广泛，竞争性特别强。

常用于日常必需品的销售，农产品销售也适宜这种策略。他是采用间接销售方式，同时选择较多批发商和零售商来推销产品。

(2) 选择性分销渠道策略　由于某些产品的特殊性，或者经营者能力限制和消费者的偏爱等，因而应选择较为合理的、有效的分销渠道作为自己产品的销售线路。

（3）独家分销渠道策略　在某一特定市场，仅选择一家批发商或零售商专营自己的产品，一般情况下，这些经销或代理商不再经营其他同类产品。一般农产品营销不太适用这种分销策略。

以上介绍的三种策略，随着情况的变化而变化，有时也会用一种或两种策略。

2. 选择中间商

多数产品都需要通过分销渠道中的中间商进行销售，这主要是因为中间商有无法比拟的优点：如中间商有较多的专业销售人员；他们的顾客多，销售机会大；他们有广泛的社会关系和销售网络，更能促使销售。

（1）选择中间商的原则　适合的中间商可以帮助经营者取得比较好的销售成绩，不适合的中间商不但无法实现销售目标，反而会丧失市场份额，必须本着“宁缺毋滥”的原则选好中间商。

1）要注重中间商的信誉。中间商信誉越高，产品销量就越大，因此，应将信誉高的中间商作为自己的选择对象。

2）看中间商的实力。包括资金、人员素质、增长幅度、过去营业状况、仓储运输能力等。中间商实力越强，销售成功的概率就越高，因此，实力强的中间商是首选。

3）看中间商产品销售组合。考察中间商总共经营多少产品，产品特征，如这些产品与自己产品的配合程度以及中间商对自己产品的熟悉程度。产品度越好，中间商对自己的产品越熟悉，就越可能取得成功。

4）分析预期合作程度。与中间商合作关系处理的好坏，直接影响产品的销售。中间商是否全力以赴地配合，对于销量的提高有决定性作用。

（2）了解中间商的需求。

1）中间商首先是顾客的买卖代理商，然后才是销售商的销售代理商，他们感兴趣的是销售好卖的产品。

2）除非给予激励，否则中间商不会反馈信息。

3）不要动辄以中止合作相威胁，除非他对你的依赖性很强，否则会收到相反的效果。

（3）与中间商保持良好的伙伴关系。

1）与中间商的主要管理层保持密切联系。

2）深入到中间商中去，了解它们的经营管理工作。

3）有固定的时间与机制保证双方定期交流。

4）定期向中间商进行调查，了解其看法与意见。

5）要求中间商自评。

6）对中间商的问题及时给出建议。

7）安排专门营销人员负责各中间商的工作，以保证信息反馈的及时与准确。

3. 选择直销

许多经营者都将直销作为一种有力的营销方式。它不仅可以节省营销成本，重要的是这种方式直接贴近顾客，有利于我们了解市场，宣传产品，建立良好的信誉，常见的方式有如下几种。

（1）展示销售　展示销售就是在没有特定销售场所的情况下，临时租用一些场所的一角展示产品，并在现场进行销售活动。可以有多种形式：

1）一般展销。

2）召开新产品发布会。

3）参加由社会机构组织的产品展销会。

4）甚至组成车队游走销售。

5）运用海报、传单、赠品等方式，吸引顾客到场参观。

（2）邮购

1）建立完整的顾客名单与相关资料，了解其需求，并定期或不定期地寄发邮购宣传订单，以维持良好关系。

2）选择印刷媒体的广告形式，而且印刷必须精美，说明务必清楚，使顾客一目了然地了解产品的特性，以刺激消费者的需求与购买欲。

3）提供适当的诱因也是相当有帮助的，如提供赠品、特价产品，或限量供应等，使消费者觉得现在不买会遗憾，以促使顾客采取行动。

4）顾客订购后立即处理，使其在最短的时间内收到产品。

5）如通过给顾客寄生日卡、贺年卡等方式，加强与顾客的接触与沟通，强化彼此间的关系。

6）加强售后服务，妥善处理顾客的抱怨与异议。

（3）电话营销　电话营销是利用电话来达到销售产品或服务的一种销售方式。一般有两种类型：一为专门提供“接听”服务，透过电话专线接受顾客的订货、咨询或抱怨，电话费用由经营者负担；另一种是主动出击，以“外拨电话”的方式与消费者接触，借由关心与诚恳的口气，循序渐进地促销产品。

1）做好顾客资料的整理工作，包括顾客的住址、电话、姓名以及购买来往记录等，针对特定对象进行接触。

2）对电话营销人员进行基本训练，包括基本电话礼貌、如何使用电话营销技巧、时机的配合、客户类别分析、商谈要领、产品知识等，使得营销人员在短短的电话交谈中，破解客户的防卫心理，取得对方的信任，完成交易。

（4）媒体营销　媒体营销是通过电视、广播、报纸、杂志等大众媒体，将产品的销售信息传递出去，并诱使消费者利用上门或打电话等方式订购，以完成买卖双方的贸易程序。

媒体营销与广告的区别：广告只是宣传产品的功能、形象，让顾客知道产品，而销售则是由批发商或零售商进行。媒体营销的主要目的是告知消费者我们的电话、通信地址，以便顾客电话订货或直接上门订货。

（5）自动化销售　所谓自动化销售，即是指利用自动销售机，投入特定的交易媒介（如硬币或电脑记录卡等），而完成产品或劳务的销售。如在西方国家的自助洗衣、电动游乐器、行李存放保险箱、自动停车计时器等均属之。应该注意的问题是：

1）设置的地点以人潮往来频繁的地方为佳。

2）相关人员应该定期巡回检查维修机器、补充货品。

3）留下顾客抱怨的处理电话，以便机器吃钱或出故障时，让消费者有地方诉说。

4）维修人员也能立即加以处理。

（6）网络营销　随着网络的迅速发展和在各领域的日益应用，众多的生产厂家和销售商日益意识到网络这一块热土。其中，电子商务的广泛应用更是一种不可避免的趋势。

网络营销是指以网络为传播手段，通过对市场的循环营销传播，达到满足消费者需求和商家诉求的过程。

1）互联网作为传播媒介，其跨时空和地域、覆盖全球、以多媒体形式双向传送信息和信息实时更新的特点，是其他媒介所无法比拟的。这正是网络营销者所追求的。

2）互联网自身就是一个生机勃勃的“虚拟市场”。在这个市场中，全球的网民是消费者，一个个网站好似一个个商家，信息、软件、服务，甚至广告等，作为产品在网上被广泛交易。

4. 选择批发商

批发商是指按照批发价格经营批量产品买卖的产品经营者，经销商通过将大批量拆分成小批量，或将小批量组合成大批量的方式，将产品组合成不同的数量，以满足不同消费者的需求。

（1）批发商的营销职能　批发商作为生产商与零售商之间的中间商，从市场营销的角度看其主要功能是：

1）采购　根据市场需求，预先从生产商手中购入产品，实现集中货源的功能。

2）销售　批发商的最终目标是销售产品，通过销售为零售商提供货源。

3）分配　批发商通过大量购买产品，将用户所需分散提供给其他批发商或零售商，解决了制造商不愿小批量销售，零售商无力大量购买和不能向每个制造商购买的问题。批发商通过这种分销活动，便具有在地区、季节、部门、行业、生活与生产消费间平衡分配和合理扩散产品的功能。

4）运输　批发商在采购、分配、销售活动中，必然会产生产品在空间的位移，因此，批发商要及时、准确、安全、经济地组织运输。

5）储存　批发商利用储存来创造时间效用，以使零售商随时可获得小批量现货供应；另外，批发环节的仓储，可调节市场淡季和旺季，起到“水库”作用。

6）资金融通　资金雄厚的批发商可以对零售商实行信用进货，以弥补其资金不足，也可以通过预付款的方式资助生产者，起到资金融通的作用。

7）风险承担　批发商承担了由于产品时令、损耗及其他原因而造成的损失及风险；通过对零售商包退包换产品，承担降价、削价给零售商所造成的损失，从而为零售商提供风险保证。

8）信息服务　批发商利用信息灵通、联系面广和分销渠道多的条件，为零售商和制造商提供宣传、广告、定价、商情等咨询服务。

（2）农产品批发商的两种类型　从事农产品批发业务的批发商一般有两种类型。

1）一般批发商，即独立的批发商组织，他自己拥有产品所有权，实行独立的经济核算。一般是向生产商或大批发商购进产品，然后卖给商业客户或其他用户，赚取买卖之间的价格差额。

2）经纪人和代理商。不拥有产品所有权，他们主要是通过自己的服务，促成买卖双方交易，从中赚取一定数量的佣金。

经纪人。不控制产品，不承担交易风险。他们的业务主要是介绍买卖双方磋商交易，促成双方成交。成交后，由卖方直接向买方送货，委托人要向经纪人支付一定的佣金。

代理商。从事代购或代销业务，但不拥有产品所有权的商业组织，主要形式有厂家代理商、销售代理商、进货代理商、佣金商等。

5. 零售

从一般的小杂货店，到大大小小的超市，在现代市场经营中，零售商是分销渠道系统中人数最多的组织。它的基本职能是从事零售交易，把市场需求的产品直接销售给最终消费者。

每一个零售商，不管它位于这一系列的哪个环节，都面临两个问题：一是该卖什么，即怎么搭配产品；二是在哪儿卖，即选择销售地点。

（1）该卖什么　每一个零售商，都面临着如何选择搭配产品的挑战，该卖什么。在它选择地点和选择所要服务的市场目标之前，这一步就该开始了。随着时间的推移，它可以向分销渠道的上游成员——经销商、批发商、生产商征求意见，也可以通过广告、与消费者交谈或访问其他城市的零售商店来寻找答案。

（2）选择零售地点　对零售商来说，选择地点与选择搭配产品同样重要，甚至更为重要。一般来说，零售商选择零售地点，应该考虑这样几个问题。

1）看看你是“和谁在一起”。即选择一个这样的地点，它能使你置身于与你在生意上互补且没有竞争对手的经营环境之中。

2）考虑你所提供的产品或服务的性质。如果你所提供的产品是一些选择性很强的消费品，那么，你应该将购物是否便利作为优先条件考虑进去。

3）如果你提供的产品是一些价值量大的耐用消费品，那么，购物是否方便并非决定性条件，消费者宁愿多跑路而寻找价格便宜的地方去购买适宜的产品。这时，地点就不是一个非常重要的因素了，而产品质量和售后服务可能更重要。

4）传统商业区与闹市区。不管你是选择传统商业区，还是选择闹市区，一个基本的原则是购物的舒适和安全。因而良好的周围环境和社会秩序等是你应该考虑的一个重要问题。

5）营造一种良好的氛围。氛围是吸引顾客并使之感到满意的重要因素。

（3）延长营业时间　小城市的零售商经常抱怨白天无生意可做，这是可以理解的：白天大部分人都在上班，所以白天销售额下降。零售商应该是在顾客想买东西的时候开门，而不是自己想开门的时候开门；也可以适当延长营业时间。

学习任务4　策划农产品促销计划

一、促销

1. 促销的含义

有人说世界上有一半人在使用促销策略，并将其作为鼓励消费者购物的“拉引策略”的一部分，以迎合顾客的新的需要；另一半人在使用“推动策略”，以鼓励经销商销售产品。那么，什么是促销呢?

有人认为，促进销售就是派人推销，把产品卖出去。这是一种简化的狭义的理解。其实，促进销售有着更加广泛的含义。

促销是经营者运用各种手段，向消费者推销产品，以激励消费者购买，促使产品由经营者向消费者转移的一项活动。每一个促销项目应由3个要素构成。

（1）奖励　是经销商在促销活动中为顾客提供的有价值的东西。什么样的奖励可以按经销商的意志决定，但基本效果应该有：为顾客节省金钱；给顾客提供一个免费试用你的出售物品的机会；顾客能够获得赠品；顾客获得某种体验。

（2）发送方法　是经销者实现奖励的方法，它可以通过：售价标签、赠券、打折、产品样品、奖品、竞赛等办法实现促销的目的。

（3）传播途径　顾客获得某种关于你的产品的信息的载体，包括：广告、产品包装、直接邮寄、人员推销等。

2. 促销的目的

不论你采用什么样的促销手段，但目的是相同的。

（1）鼓励顾客尝试你的产品，尤其是与钱无关的刺激更会使顾客感到没有风险。

（2）建立你的知名度。

（3）使顾客获得对产品忠诚度的回报。你虽然无法保证他们会永远成为你的忠诚顾客，但偶尔表示一下顾客对你生意支持的谢意还是必要的，如一件小礼物是使忠诚的顾客得到认可的好方式。

据此，可以把促进销售概念的内容概括为：对消费者传递产品信息，唤起顾客对产品的需求，以开拓市场，树立产品和经营者的形象。

二、选择促销策略的方法

我们知道，促销的方法有多种，如人员推销、广告、营业推广、公共关系等，这些方法各有优点和缺点，对各种产品的销售所起的作用也不尽相同。如广告宣传覆盖面广，对于日常消费品的促销效果较好，但不能直接促成交易的成功；人员推销有利于直接促成交易，但费用较高。所以必须根据产品特点和经营者的销售目标，选择和运用合适的促销策略。

1. 促销策略依据产品性质不同而异

一般来说，日用消费品如农产品更适宜于使用广告宣传。因为消费品一般技术性简单，花色品种多，市场需求广泛，最有效的促销手段是广告。目前的电视广告中，70% ~80%是消费品的广告。为了吸引中间商，人员推销也是必要的。一些竞争性较强的消费品，促销策略更要周密设计。

2. 促销策略依据产品生命周期的不同而异

产品处于生命周期的不同阶段，市场销售态势不同，促销的目标也不同，因此要相应地选择、编配不同的促销组合，制定促销策略。

（1）市场介绍阶段　新产品上市，促销的重点是让消费者认识和了解其性能和特色，以便做出购买决策。此阶段，应以广泛广告为主，辅以人员推销。旨在广泛介绍产品，且商店应保证有货，否则不仅会丧失销售机会，而且会给产品声誉造成坏影响。

（2）市场增长阶段　促销的目标是引起消费者的兴趣，重点是宣传品牌和产品特色，激起人们对产品的进一步需求，树立顾客对本品牌产品的信任态度，以促进销售的进一步增长，此时应以广告为主，同时配合人员推销和公共关系等手段，扩大销售渠道，广设网点，便于顾客购买。

（3）市场成熟阶段　竞争者蜂拥而至。促销的重点目标在于树立消费者对本品的偏爱，力争在竞争中占优势。促销手段以广告为主，但应改变其内容和形式，以突出产品的竞争中的优点，同时配以人员推销、营业推广和公共关系等促销手段，使促销手段充分发挥作用。如产品进入成熟阶段，就要更多地派出推销人员，访问顾客，维系生产者与中间商的关系，进一步巩固和扩大产品声誉，对已有的客户，强调产品的竞争优势和价值，鼓励他们继续发展购销关系。

（4）市场衰退阶段　产品由成熟进入衰退，市场上已出现优于本品的产品，这时广告就不应是主要的促销手段，促销活动应当主要利用营业推广，使偏爱本产品的老顾客继续购买。同时，采用少量提示性广告，力求巩固原有市场。

3. 促销策略依市场范围不同而异

（1）市场范围小，产品只在本地市场销售，则应以人员推销或产品陈列为主。

（2）广泛的大范围市场，如全国市场或世界市场，广告就显得非常重要了。

（3）中等规模的市场可以以一种促销方式为主，兼用其他方式，如一方面进行人员推销，另一方面在适当范围内进行广告宣传。

4. 促销策略依市场类型不同而不同

不同的市场类型，不同的特点，促销方式也不相同。

（1）消费者市场，顾客多而分散，就主要靠广告、产品陈列、展销等去吸引顾客。消费者的类型不同，促销方式也不一样。城市居民偏爱广告，乡村居民则对产品陈列、展销更容易接受。经营者应针对不同类型的消费市场，选择对路的促销策略。

（2）生产者市场是另一类型的市场，专业性强，数量少，通常以人员推销为主。

（3）潜在顾客的数量也是选择促销手段时需要考虑的重要因素。潜在顾客多，广告就比较有效，反之，人员推销方式就比较合适，如残疾人轮椅多以产品展示或柜台广告为主，化妆品则以媒体广告为主。

5. 做好促销预算

不同行业、不同产品预算差异很大。化妆品行业的促销费用最高，为营业额的30%～50%，而在工业机械行业只有15%～20%，而农产品都在10%以下。

促销预算额的确定，一般是确定一个其占营业额的百分比作为预算额。当然归根到底还要看促销的实际效果，来随时进行调整，其中关键因素决定于产品处于市场生命周期中的哪个阶段，以及产品对于消费者的重要程度。

三、促销策略的类型

1. 推动策略

使用推动策略，主要是利用人员推销和其他营业推广手段，把产品“推”向市场，使用这一策略，大多是经营者有雄厚的推销人员队伍，或产品声誉较高，或是采购者的目标比较集中。

2. 拉引策略

拉引策略是指利用广告和其他宣传措施，来引起消费者对产品或服务的兴趣。如果这些促销措施奏效，消费者就会自动到商店购买该种产品，也就是说将消费者“拉”到产品这边来了。

3. 攻击策略

攻击策略是对竞争者采取主动出击的策略，想别人所未想，注意别人容易忽略的地方。

（1）避实就虚策略　这是避市场饱和之“实”和竞争强手之“实”，主攻产品供需脱节之“虚”，善于利用供需之间的时间差，把自己的产品打入市场的一种促销策略。避实就虚，既要摸清消费者的需求变化规律，又必须注意摸清竞争对手的经营规律，才能做到见“实”就避，乘“虚”而入。

（2）引导销售策略　这是目前国际市场上出现的一种新的销售策略，它取代了以往消极的“蜘蛛销售策略”，主动出击，积极寻找顾客，介绍产品，发展生意。引导销售策略成功的关键，在于针对不同用户、不同需求和心理，采用不同方式推销产品。在这个过程中，需要有长远眼光，不能只求近利。

4. 形象策略

形象策略也称信誉销售策略，就是千方百计提高自己或者产品在顾客中的形象。经营者不但要在广告宣传中树立起自己的形象，更重要的是研究用户心理，千方百计在用户的心目中树立起良好的产品形象。“经商信为本，诚招天下客”，可说是至理名言。

5. 系列销售策略

系列销售策略就是将若干种互有关联的产品配在一起进行销售，这样既扩大了销售额，又赢得了用户的心。

6. 文化促销策略

文化促销就是“借推销文化，实推销产品”的策略，将文化与产品有机地结合起来，达到将经营者形象及产品推向市场的目的。典型的形式是近几年逐渐兴起的各种文化节，如原阳大米节、新郑大枣节等。但要注意两个问题：一是要有档次；二是要有品位。

7. 感情促销策略

感情促销是对“市场没有感情”这一论点的挑战。

感情是人类生活中最为重要但也最为复杂、最难解释的东西，在产品经营中注重人情，是经营者实现经济效益的重要途径。

如情人节玫瑰花的销售量会大增；中秋节对中国食品生产商可能就是个好日子；一些中老年保健品生产经营者，利用母亲节、父亲节、重阳节等节日大做文章，提醒做子女的别忘了去看望操劳一生的年迈双亲，也不失为良策。

8. 名人促销策略

借助名人的声望与地位来宣传经营者及其产品或服务，是一条提高产品或服务销售量的捷径。名人效应对经营者及产品的影响不容忽视，如现在热销柳桃、潘苹果等无不想借助名人效应获得利润。名人效应已经在生活的方方面面产生深远影响，比如名人代言广告能够刺激消费，名人出席慈善活动能够带动社会关怀弱者等。

9. 好奇促销策略

好奇是人之天性，好奇心会驱使消费者接受产品信息，去认识产品、接近产品和消费产品。经营者可抓住机会，投其所好，达到销售产品的目的。

10. 赞助促销策略

公益慈善活动本来是被认为只赔不赚的赔本生意，然而随着人们对这些社会活动的关注与热心与日俱增，赞助公益慈善活动，进行公关促销也成了经营者的生财之道。

11. 展览促销策略

展览会是公关促销中经常采用的形式，它以其“短平快”和集中影响的宣传促销效果吸引了众多的厂家、商家和广大消费者。现在著名的博览会吸引了越来越多的厂商，如巴拿马国际贸易博览会。在博览会上，各地农产品纷纷亮出自己的绝招，以创新的产品、鲜明的展位和独特的展台设计来吸引观众。

12. 教育促销策略

消费者是顾客，不是研究产品的专家。尤其是新产品，消费者并不知道它们的使用价值和使用方法，这就需要经营者从产品的基本知识入手，对消费者或潜在消费者进行与产品或服务有关的知识教育、技能教育和观念教育，使消费者接受经营者的产品，引起其消费行为。美国凯洛格公司是一家生产谷类食品的国际性公司，以生产早餐食品而闻名。而在其创业之初，西方许多国家的早餐只是咖啡加面包，这种早餐不利于人们的健康。于是，凯洛格公司开展了一次大规模的教育宣传活动，让人们相信：谷类早餐有益健康，并同时大力宣传自己的早餐食品。这一活动十分见效，人们纷纷改变习惯，食用谷类早餐食品，凯洛格公司产品的销量大增。

实践证明，以教育促销售不失为经营者的明智之举，是你长知识我发财的策略。

四、农产品促销策略的选择

1 使用价格策略

参与市场竞争对于大多数农产品来说，价格竞争是最有力的竞争手段之一。特别是对于农产品的生产型消费者更是如此，他们的购买量大，很小的价格变动都会引起他们较大的成本波动。经营者在经营自己的产品时，要学会使用价格竞争。如为了刺激消费者大量购买，可以在基本价格的基础上做一定的调整，给消费者一定的好处，促进销售。对于不同的目标市场、产品形式、销售时间、销售地点实行有差别的价格，从而满足不同的市场需求，以扩大销售，提高经营者的经济效益。

2. 选择适宜的促销技巧

扩大销售水平讲究促销技巧，是指经营者在促销自己的产品时要根据消费者心理动态有针对性地采取促销策略。从消费者购买产品的过程来看，大致可以分成四个阶段，在每个阶段要使用不同的促销方法。

（1）寻找产品的阶段　消费者出于某种需求，希望寻找某种产品来满足需求。这时，经营者要积极介绍自己的产品，特别应针对消费者需求来介绍产品的特点，引起消费者的购买欲望。

（2）比较的阶段　消费者可能要将同类产品做一个比较，其中主要是比质量、比价格。这时经营者要强调自己产品具有优势的一面，或者给予某种优惠，促成消费者下决心购买。

（3）购买阶段　要满足消费者在购买时的要求，并且要用热情的态度招呼消费者，希望再次购买。

（4）评价阶段　有的消费者购买产品后感觉比较满意，可能再次购买，成为“回头客”。这时经营者一方面要热情接待，另一方面可利用“回头客”的良好评价说服其他消费者购买。

总之，在促销产品中，要不断总结经验，提高自己的促销技能，就会产生良好的销售业绩。

3. 迎合消费者的购买心理

面对产品品种繁多的市场，顾客是否购买某一产品，是由其心理动机决定的。分析顾客的购买心理，对生产经营者发现市场机会，采取相应措施促成交易，有重要意义。顾客的购买心理可分为：一、理智型：这类顾客具有一定的产品知识，注重产品性能和质量，讲究物美价廉。二、选价型：①以价格低廉为选产品的前提条件，对“优惠价”产品感兴趣；②对高档、高价产品感兴趣，认为一分钱一分货，要买就好的。三、求新型：这类顾客追求时尚与款式，往往不问价格、质量。四、求名型：崇拜名牌产品，对价格高低并不过多考虑。五、习惯型：顾客对某些厂家、商标的产品熟悉、信任，或因生活习惯等的不同，形成使用某种产品的习惯。六、不定型：不常买东西，对市场情况和产品不熟悉，购买时犹豫不决，反复征求他人意见。

经营者在经营过程中要细心观察，针对不同的购物心理，采取不同的促销策略。

4. 分析消费者的购物习惯

消费者的购物习惯主要指顾客何时购买、何处购买、如何购买。搞好农产品的营销工作，必须认真分析顾客的购物习惯，搞好农产品的促销工作。

（1）顾客何时购买　如每年哪些节假日对哪种产品需求量大，当地企事业单位每月何时发工资？每周中星期几购买人数最多？每天中哪段时间顾客最多？只有对顾客的消费习惯了解清楚，才能最大限度地满足顾客要求，增加农产品的销售数量。

（2）顾客何处购买　包括顾客在何处下决心购买和顾客在何处实施购买行为两个方面的问题。两者可能在同一地方，也可能在不同地方。有些产品经常是在家里做出购买决定，然后再到市场选购。这些产品，应通过电视、广播、报纸、杂志等进行宣传，使消费者对产品的性能、特点、用法、价格、售后服务以及到何处购买等详细了解，让其家喻户晓，来影响消费者，吸引顾客来现场购买。也有一些产品，是顾客在购货现场临时决定购买的，对这类农产品，要搞好产品的包装、陈列及购货现场的宣传，以刺激消费者的购买欲望。

（3）顾客如何购买　购买方便，是顾客的普遍要求。购买方便的范围很广：产品品种、数量、规格多样化，如肉类食品应有鲜货、胶制、卤制等；产品供应在时间上随叫随到；在地点上尽可能就地就近购买；包装易于识别、携带；购买方式多种多样；付款方式上有分期付款、先购物后付款等。对顾客这些购买方便的要求，经营者应尽其努力使其实现，以扩大自己产品在顾客中的影响。

5. 搞好售后服务

搞好售后服务，扩大经营者的影响。经营者要扩大自己的影响，必须搞好产品售后服务：①做好准备，以便及时、准确地处理好各种询问和意见；②必须有实效地解决顾客所提出来的实际问题，这比笑脸相迎更为重要；③提供给顾客多种可供选择的服务价格和服务合同；④在保证服务质量的前提下，可把某些服务项目转包给有关服务行业厂家；⑤不能怕顾客提意见，应把此看成改进自己的产品和服务，搞好生产经营的重要信息来源。

6. 做好广告宣传

做好广告宣传，扩大产品知名度。广告通过各种方式将自己产品的性能、特点、使用方法等广泛地向消费者介绍，引起消费者对自己产品的购买欲望。经营者要制定正确的广告计划，选择适当的广告策略，设计适宜的广告，并选择好广告媒体。

小知识　新媒体传播影响力越来越大

中国农产品行业广告投放量增速会下降。而电视、报纸、户外、广播等传统媒体，正经受搜索引擎、微博、微信、微电影等新媒体的冲击。新媒体具有双向互动、传播速度快、生动活泼等优势，投入产出比远远高于传统媒体，针对性更强，逐渐成为中国农产品行业广告投放的新选择。

案例——文化与精神的促销

2012年11月，在中国的大地上，一种名不见经传的橙子被冠以“褚橙”疯狂上市。各大媒体和网络微博见证了前所未有的农产品营销战役，褚橙的故事一夜间在中国可谓家喻户晓。

褚时健，红塔集团原董事长，曾经是中国有名的“中国烟草大王”。1999年，褚时健被判处无期徒刑。2002年，74岁保外就医后，与妻子承包荒山开始种橙子，却一往无前地开始了二次创业，在云南包垦2 000亩荒山。

有个亲戚带了美国橙子给褚时健品尝，但是口感偏酸。75岁的褚时健决定种橙子。最开始并不叫“褚橙”，而叫“云冠”冰糖橙。“云冠”这个品牌还真是褚时健想出来的，但是橙子卖得并不顺利。后来，褚时健的老伴想打“褚时健种的冰糖橙”的横幅，褚时健不同意，老伴坚持意见。结果，横幅一打出来，橙子很快销售一空，“褚橙”也很快被叫开了。

2008年以前，这个品种的橙子在云南省的收购价只是几毛钱一斤，销量很平淡。而现在“褚橙”市场价格不菲，10斤一箱的市场售价约为108～138元，且不愁销路。随着王石、潘石屹等知名人士在微博上的力捧，“褚橙”的传奇故事引爆公众话题，并被誉“励志橙”。

2012年10月15日，褚橙开始销售。借助电商平台——本来生活网，10月到12月，褚橙销售期间本来生活网的订单量有8倍的增长。2012年，褚橙初次在本来生活网销售的时候，网站日订单最高数达到1 000单，2013年，这一数字已经上升到5 000～6 000单。

褚橙的掌门人褚时建让这个不起眼的橙子，成了一种文化、一种精神。业内人士认为，“褚橙”走红除了好吃之外，更多的是因为这是原来的烟草大王褚时健所种，还有其背后的故事。橙子挂果要6年，75岁的老人选择这样的方式二次创业，是何种心境与人生勇气？万科集团董事长王石曾评价他“衡量一个人的成功标志，不是看他登到顶峰的高度，而是看他跌到低谷的反弹力！”元初食品的陈启明先生则是这样评价他和褚橙，“褚时健是故事，褚橙是鲜活的人生，也是一个八十高龄老人对生命的思考，更是一个大起大落的男人奉献给时间的产物”。

案例解析

从促销的角度看，“褚橙”成功之道在于赋予高品质的好水果独特的销售卖点——褚时健卖的不是橙子，而是励志的故事，再巧妙地引入创意与实力兼具的生鲜电商平台作为产品营销的战略合作方，当好的产品、创意遇到好的渠道和销售模式，成功是水到渠成的事情。

思考与练习

1. 基本概念

产品

产品的生命周期

价格

分销

促销

2. 简述题

简述产品整体概念的意义。

简述农产品的特点。

简述营销农产品的价格因素。

简述农产品的定价策略。

简述选择农产品分销渠道需要考虑的主要因素。

简述农产品促销策略的选择技巧。

简述常用的农产品促销方法。

简述价格调整的技巧。

简述产品生命周期各阶段的营销策略。

3. 思考题

（1）为什么有些农产品赔钱卖，还是没有人要，有些农产品价格贵得惊人，人们还是争相抢购？从产品价格角度进行分析。

（2）有些产品质量一般，人们却争相购买；有的产品质量很好却无人问津，这是为什么？

模 块 六

了解农产品生产、消费需求与营销策略

【学习目标】

1. 了解大宗、生鲜、特色农产品的生产与消费需求特点。
2. 掌握常见农产品营销策略。
3. 熟悉生鲜和特色农产品现代营销策略。
4. 理解微小农产品经营者营销策略的选择基础。

学习任务1 了解农产品生产与消费需求

一、大宗农产品的生产与消费需求

大宗农产品，是指在农业结构中占有较大权重，但并无明显优势的初级农产品。包括：粮食作物、油料作物、棉花等。

小知识 影响大宗农产品生产的因素

大宗农产品的生产受多方面因素的影响。

首先，“民以食为天，国以民为本”，可见，大宗农产品影响到国家的稳定，因此，影响大宗农产品生产的首要因素是国家政策导向。大宗农产品既是关系国计民生和国家经济安全的重要战略物资，也是人民群众最基本的生活资料。大宗农产品的供给与社会和谐、政治稳定、经济的持续发展息息相关。确保大宗农产品市场供应，最大限度地减少紧急状态时期的大宗农产品安全风险，是政府职责。粮食、油料和棉花的消费需求的重要性不言而喻。因此，大宗农产品的销售受到政府的强力调控。大宗农产品的生产安全是政府最重要的责任。因此，国家的政策决定了大宗农产品的销售基本面。

其次，大宗农产品生产受收益的影响。大宗农产品生产是典型的

“经营者无定价权”的模式，这严重损害了经营者的利益，导致大宗农产品生产的高成本、低收益的现状，并引发从事农业生产的劳动力锐减。大宗农产品生产的不足必将影响国家的农业政策。

此外，大宗农产品受自然界的影响也大，大宗农产品生产受到了耕地、水、天气、病虫害等众多因素的综合影响。尤其是天气、病虫害等的不可预测性的因素影响了大宗农产品的供应情况，导致了大宗农产品销售的不确定。

1. 粮食作物的生产与消费需求

（1）粮食的生产　粮食作为中国人的传统主食，在中国膳食中占有绝对重要的地位，是中国最最重要的农产品。粮食主要包括小麦、玉米、水稻、高粱、荞麦，等等。由于小麦、玉米和水稻占到粮食总产量的95%以上，因此，仅以小麦、玉米和水稻介绍粮食的生产和消费特点。

1）小麦　小麦是中国北方地区第一主粮，小麦按播种季节可分为冬小麦和春小麦两种，由于小麦是谷类作物中抗寒能力最强的越冬作物，因此，也是中国越冬种植的第一大作物。冬小麦种植面积占到中国小麦总播种面积的85%以上。中国小麦年总产量在1.2亿吨以上。

2）水稻　水稻是中国南方地区的第一主粮，我国水稻播种面积和总产量均居世界第一。栽培的稻可分为籼稻和粳稻。由于水稻的杂交种利用得好，使中国水稻产量明显高于世界平均水平。中国水稻总产量在2亿吨以上。

3）玉米　玉米已经是中国第一大粮食作物，占到中国粮食总产量的1/3以上。由于玉米杂交种利用得非常好，杂交种普及率达到99%以上。玉米也是饲料第一作物，同时也是重要的工业原料。中国玉米年总产量已经达到2.2亿吨。

（2）粮食的消费需求　中国粮食消费需求主要包括口粮消费、饲料消费、工业消费和种用消费需求。随着中国人民饮食结构的改变，粮食消费结构呈现口粮比重下降，饲料比重和工业消费比重增加，此外，虽然种用消费量很低，但是，种子是粮食再生产的基础，在粮食消费中占有不可忽视的地位。

2. 油料作物的生产与消费需求

（1）油料作物的生产　大豆、花生、油菜是中国重要的三大油料作物，占中国油料作物产量的90%以上。因此，仅以大豆、花生和油菜介绍油料作物的生产特点。

1）大豆　大豆生产主要集中在黑龙江等的东北地区，然而，近些年来，大豆种植面积及总产量快速降低。2012年，总产量降低到不足1 800万吨，而进口量达到5 800多万吨，2013年，进口量达到6 338万吨。目前中国大豆需求的80%依靠从巴西和美国进口，大豆自给能力严重不足。

2）花生　花生生产主要集中在河南、山东、河北等华北和华中地区。近些年，中国花生种植面积及总产量逐渐提高。2012年，总产量接近1 700万吨。

3）油菜　油菜生产主要在湖北、四川、安徽、江苏等长江中下游地区。近些年，中国油菜种植面积及总产量也在逐渐提高。2012年，总产量突破1 400万吨。

随着中国经济的发展，居民家庭消费的增加、餐饮业的发展、食品加工业的进步，对食用油的需求不断增加。中国油料生产的缺口还在进一步扩大。

（2）油料作物的消费需求　中国油料的消费主要包括烹饪消费、豆制品消费、休闲食品消费。随着中国居民饮食结构的改变，健康意识的增强，植物油尤其是花生油的需求比重呈上升趋势。

中国是植物油脂加工大国，油料加工规模大，产能已严重过剩，对油料生产需求强劲。

油饼（粕）是重要的蛋白饲料，随着中国养殖业的发展，蛋白饲料需求与日俱增。

3. 棉花的生产与消费需求

（1）棉花的生产　中国有着悠久的棉花种植历史。棉花是中国最大的经济作物，年种植棉花面积曾突破一亿亩。种植区域从以往的黄河流域和长江流域，逐渐转移到西北内陆棉区。目前，棉花种植面积约6 000万亩，年产皮棉约600万吨。

伴随着种植区域的改变，以往以家庭为单位的分散式种植方式，逐渐发展成以农场、建设兵团为单位的规模化、机械化生产方式。

（2）棉花的消费需求　棉花的用途较为简单，棉纤维主要是供应棉纺企业生产纺织品，纺织品主要包括服装、家纺、医用纱布、空气过滤装置等。此外，棉花还用于化工及国防。

棉籽多用于工业用油，棉籽粕多用于食用菌基质的配料。

4. 大宗农产品消费需求的主体

（1）国有农产品企业　粮食经营者以保护价销售给国有粮食企业。保护价是政府在充分发挥市场机制作用的基础上实行的宏观调控措施，以保护粮食生产者的基本利益。

（2）农产品加工的经营者　大宗农产品经营者将其产品销售给农产品加工的经营者。大宗农产品经营者选择农产品加工的经营者，是因为双方的实力差距较小，相互可以进行谈判，从而获得双方比较满意的结果。

（3）终端消费者　大宗农产品经营者通过农贸市场或批发市场或农超对接平台等，将自己生产的农产品直接销售给终端消费者，由于减少了中间交易的环节，粮食经营者和消费者均可以获得满意的交易结果。

案例——美国皮尔斯堡面粉公司营销观念的变迁

美国皮尔斯堡面粉公司，于1869年成立。到20世纪20年代以前，由于人们生活水平比较低，面粉公司认为不需要做大量宣传，只需要保证面粉质量、降低生产成本和价格就可以。因此，这个公司提出“本公司旨在制造面粉”的口号。

1930年左右，资本主义市场发生了变化，社会产品数量不断增加，花色品种不断增多，出现了相对的产品过剩，企业之间竞争加剧，皮尔斯堡面粉公司发现，在推销公司产品的中间商中有的已开始从其他的厂家进货，自己的销量也随之不断减少。为了扭转这种局面，公司第一次在公司内部成立商情调研部门，并选派了大量的推销人员，同时也更改了口号：“本公司旨在推销面粉”。

然而，各种强有力的推销方式并未满足顾客经常变化的新需求，由此迫使皮尔斯堡面粉公司必须从满足消费者的心理及实际需要出发，对消费者进行分析研究。1950年前后，皮尔斯堡面粉公司经过市场调查，了解到家庭妇女采购食品时，日益要求多种多样的半成品或成品，如各式饼干、点心、面包等。针对市场需求的变化，皮尔斯堡公司开始生产和推销各种成品或半成品的食品，使销售量迅速上升。

1958年，他们又成立了销售公司，着眼于长期占领市场，着重研究以后3~30年的销售趋势，不断设计和生产新产品，培训新的销售人员。

案例解析

从皮尔斯堡面粉公司营销观念的变迁不难发现：不同的历史时期、不同的经济发展阶段、不同的政治环境，都会影响到公司经营的情况。适时调整公司营销观念，是公司得以生存和发展的必然选择。

大宗农产品的销售，成本控制水平是经营者存在与发展的关键因素。

二、生鲜农产品的生产与消费需求

1. 生鲜农产品的生产与消费需求

生鲜农产品是指由农产品经营者没有或经过少许加工的，在常温下不能长期保存的初级食品，一般包括蔬菜、水果、花卉、肉类、水产品、食用菌等农畜产品。

生鲜农产品是中国消费者除粮食以外最主要的食物营养来源，它在日常生活消费中占有十分重要的地位。生鲜农产品居民消费的供给和需求一直受到政府和消费者的高度重视。中国生鲜农产品生产在1978年以前，受“以粮为纲”政策影响，其种植面积、养殖规模、产量、产值都非常小。改革开放后，特别是1988年以来，随着“菜篮子工程”建设的推进，各地发展生鲜农产品生产的积极性大大提高，全国生鲜农产品生产发生了显著的变化。从绝对数来看，2013 年，蔬菜、水果种植面积达到 3 亿亩，水果年产量达到 2.4 亿吨，猪牛羊肉达到 6 400 多万吨，水产品达到近 6 000 万吨，禽蛋达到 2 800 万吨，牛奶达到 3 700 多万吨。

（1）蔬菜类的生产与消费需求　蔬菜种类繁多，主要包括：白菜类、甘蓝类、芥菜类、根菜类、绿叶菜类、葱蒜类、茄果类、瓜类、豆类、薯芋类、水生蔬菜类、多年生蔬菜类、食用菌类等。

蔬菜具有生产季节性、消费必须性、品种多样性、鲜嫩易腐性、容易替代性等显著的产品特征。

蔬菜消费具有选价性、便利性、习俗性、偏好性、从众性、时尚性、猎奇性等消费心理特征。

（2）水果类的生产与消费需求　水果同样有非常繁多的种类，如苹果、桃、梨、柑橘、香蕉、荔枝等水果；核桃、松子、红枣、板栗等干果；山楂、石榴、杏、李、橄榄等杂果；还有西瓜、甜瓜、哈密瓜等瓜果类。

水果具有高附加值、市场容量大、区域性强、季节性明显的生产特征。

水果的消费具有需求的多样性、消费的层次性、采购的季节性、需求的易变性、包装的多样性等消费特征。

（3）花卉的生产与消费需求　花卉种类繁多。如作为欣赏花的有月季、牡丹、水仙等，作为欣赏果的有金橘、五色椒等，作为欣赏叶的有苏铁、富贵竹、铁树等，作为欣赏茎的有仙人掌、光棍树等，作为闻香的有茉莉花、栀子花等。品种极为丰富，新品不断呈现。

花卉具有极强的季节性、节日性、区域性、技术性和集约性。

花卉的消费方式可分为规模消费和个人消费。规模消费主要用于生态保护、公共绿化、大型庆典美化等，改善人居环境，烘托氛围。个人消费主要用于住宅、办公场所及庆典、婚庆、殡仪等，装点环境、表达情感。

花卉消费具有显著的地域性、礼品性、节日性、偏好性、艺术性等。

（4）肉类的生产与消费需求　肉类产品可分为畜肉、禽肉和特种禽肉。其中，猪肉、牛肉和羊肉占到了肉类消费量的 70% 以上。禽肉主要包括鸡肉、鸭肉、鹅肉和其他珍禽肉。其中鸡肉占绝对优势。

肉类可分为生肉、熟肉和肉制品三大类。

肉类的消费在饮食需求中的比重有所下降，尤其是猪肉的消费比重下降得较快。禽肉的人均消费量较低，但消费需求增长较快，且存在显著性的区域性差异，而鸡肉在禽肉中的比重过高。

（5）禽蛋的生产与消费需求　禽蛋产品主要包括鲜蛋和蛋制品。鲜蛋以鸡蛋为主外，还有少量的鸭蛋、鹅蛋、鹌鹑蛋、鸽蛋等。中国禽蛋年产量在 2 800 多万吨。蛋制品主要有松花蛋、咸蛋、熟蛋等。

禽蛋在中国的消费量逐年递增，但结构单一，以鲜鸡蛋为主，鲜鸡蛋占到了85%以上。且禽蛋消费存在明显的城乡差异，城市居民的人均消费量远大于农村居民。

（6）奶产品的生产与消费需求　奶产品主要是牛奶，牛奶占到奶产品的90%以上的比重。当前，中国奶产品的产量达到近4 000万吨。

奶产品的消费品种单一且消费总体水平很低，但呈现出明显的改善趋势。奶产品的消费群体存在显著的区域性、人群性和城乡差异。

（7）水产品的生产与消费需求　水产品主要包括海水产品和淡水产品，两者的产量旗鼓相当。水产品是以水和水生物为依托的产业，包括了鱼类、虾类、蟹类、贝类、水生物类等。当前，中国水产品总产量约6 000万吨。

水产品大致可以分为鲜活、冷冻和加工产品三大类。

水产品生产和消费存在地区的严重不均衡，90%以上的水产品集中在中东部地区，西部基本上没有水产品生产。城乡之间水产品的消费同样存在严重的不均衡，城镇居民人均水产品消费量是农村居民的数倍。养殖的水产品存在较严重的安全问题导致野生水产品的价格直线上升。

（8）食用菌的生产与消费需求　食用菌生产是解决人类吃得“健康”的问题。作物生产解决了人类吃得“饱”的问题，畜禽生产解决了人类吃得“好”的问题。食用菌是可以供人类食用的大型真菌，如香菇、草菇、蘑菇、木耳、银耳、猴头、竹荪、松茸、口蘑、红菇和牛肝菌等。当前，中国食用菌的年总产量达2 000多万吨，占世界70%的份额。

食用菌的生产方式多种多样，有自然环境下自然生长的食用菌，有人工栽培条件下生长的食用菌，还有工厂化生产的食用菌。

有段木栽培和袋料栽培的方式，以袋料栽培为主。

食用菌的消费呈现快速增加性，需求品种多样性，需求时间周年性。

2. 影响生鲜农产品消费需求的因素

（1）生鲜农产品的保鲜条件及技术　由于生鲜农产品的含水量较大，不易贮存，这会影响生鲜农产品的产品价值。提高生鲜农产品的产品性，必须依靠保鲜条件和技术。如，绿叶蔬菜需要冷藏，而肉类及水产品需要冷冻贮存。只有开发科学的保鲜技术，建造完善的保鲜设施，才能实现生鲜农产品的价值。

（2）生鲜农产品的生产季节性与需求的周年化　生鲜农产品的生产多数都有季节性，生鲜农产品的消费呈现周年化，且消费者对生鲜的消费越来越重视新鲜、多样。需要跨区域、合理安排生产，才能实现均衡的供应。

（3）生鲜农产品生产的区域性与消费者需求的多样化　生鲜农产品生产有明显的区域性，而消费者分布广、需求多。需要对生鲜农产品进行长距离的快速配送，才能满足更多消费者的需求。

3. 生鲜农产品消费需求的主体

（1）自产自销　对于生产规模较小的生鲜农产品经营者来说，自产自销是一个不错的选择。自产自销可以直接感受到消费者对产品的效果的反馈，能够及时调整生产，达到稳定生产、稳步发展。

（2）农贸市场　农贸市场是在城乡设立的可以进行自由买卖农副产品的市场。农贸市场易于生鲜农产品快速进入市场。农贸市场的优点是简化了农产品进入市场的管理成本。缺点是对农产品的质量监管不到位。

（3）连锁店　对于生产规模较大，管理能力强的经营者来讲，进入连锁店，不仅有利于解决销售问题，而且有利于订单生产。

（4）超市　通过“农超对接”实现农产品经营者将新鲜的农产品直接供应到超市，方便消费者直接选购。农超对接是利用现代物流方式，将新鲜优质的农产品快速送到消费者手中，实现农产品经营者和消费者共赢。农超对接为优质农产品销售提供了渠道。超市为农产品销售搭建了平台，并有监控或监管农产品质量的责任。

（5）专业经营者　对于缺乏经营能力的生产者来说，将产品直接销售给相关的专业经营者，是认同并接受合理社会分工，发挥自身生产优势的不二选择。

案例——农民超市——十亩菜园店

山东济南市历城区董家镇三官苗村的有一位农户在济南市开了一家菜店，并起了响当当的名字：“农民超市——十亩菜园店”。他自己的几亩菜园加上他帮着卖菜的姐姐等人的正好十亩。开店后，他费了不少心思，最后他模仿超市的交易方式，把自产的二三十种菜一溜摆开，让顾客随意挑选。一段时间后，每天能够卖出近千斤的蔬菜。

这种销售方式属于直销的一种，尤其是针对一些鲜活的农产品如蔬菜、瓜果、水产品等，减少中间流通环节，不仅有利于农产品生产者和消费者，更是一种保证农产品鲜活性、降低损耗的有效方式。现在比较流行的农超对接模式，其特征是“十亩菜园店”的升级版。

案例解析

寻找特色模式，是生鲜农产品突破效益瓶颈的关键因素。

三、特色农产品的生产与消费需求

1. 杂粮的生产与消费需求

（1）杂粮的生产　杂粮通常是指水稻、小麦、玉米、大豆和薯类五大作物以外的粮豆作物。主要有：高粱、谷子、荞麦、燕麦、大麦、糜子、黍子、薏仁、籽粒苋以及菜豆、绿豆、小豆、蚕豆、豌豆、豇豆、小扁豆、黑豆等。

其特点是生长期短、种植面积少、种植地区特殊、产量较低，一般都含有丰富的营养成分。如“豆您玩”的绿豆，具有清热解毒、消暑除烦、止渴健胃等养生保健的功效，绿豆清热之功在皮，解毒之功在肉。绿豆生长期很短，一般只有60～70天，亩产量仅100多斤。但绿豆富含蛋白质、脂肪、碳水化合物，维生素 B_1、维生素 B_2、胡萝卜素、烟酸、叶酸，矿物质钙、磷、铁。尤其是所含的蛋白质主要为球蛋白，其组成中富含赖氨酸、亮氨酸、苏氨酸。

（2）杂粮的消费要求　杂粮自古以来一直是百姓餐桌上的主食组成之一，随着改革开放后经济条件好转，餐桌上的主食才被精加工过的大米、白面所占据。但是只是食用大米、白面这一类精加工的粮食，无法获得全面的营养，会导致营养失衡，会出现各种疾病。随着养生保健知识的普及，销量一直走低的杂粮开始有抬头之势，杂粮所富含的营养重新被更多的人所发掘。

杂粮逐渐成为注重保健人士的必备品。送礼送健康，物美价廉的杂粮成为时尚的礼品。

2. 特产的生产与消费需求

（1）特产的生产　特产指某地特有的或特别著名的产品，有文化内涵或历史积淀，亦指只有在某地才生产的一种产品。一般而言，特产是指来源于特定区域、品质优异的农林产品或加工产品，特产可以是直接采收的原料，也可以是经特殊工艺加工的制品。但是，特产必须具备两个特点，一是地域性特点，这是形成特产的一个先决条件，其次是品质，无论是原料还是制品，其品质与同类产品相比，应该是特优的或是有特色的。

特产的“特”字，应包含如下五层意思：特殊的生态环境、特优的品种、特殊的种养方式或特殊的加工方式、特殊的功用价值、特高的经济效益。如四大怀药的地黄，种植在古怀庆府今温县和武陟县一带，品种仅限怀地黄。地黄可分为生地和熟地两种，加工工艺是焙干的生地和雄黄熏干炮制的熟地，生地具有凉性，熟地具有热性。加工工艺不同，药效截然相反。《本草纲目》载：地黄生则大寒，而凉血，血热者需用之；熟则微温，而补肾，血衰者需用之。男子多阴虚，宜用熟地黄；女子多血热，宜用生地黄。尤其是熟地，药用填骨髓，长肌肉。生精血，补五脏，利耳目、黑须发、通血脉，确系祛病延年之佳品。市场上，怀地黄的价格往往高于其他地方地黄的数倍。

（2）特产的消费需求　特产已经成为交往的必备品，尤其是在物流高度发达的今天，工业化的产品随处可见，难以成为称心的礼物。具有显著地方特点的、生产数量有限的特产成为馈赠亲朋好友的首选。

由于生产区域的限制和供应的稀缺，特产成了高价农产品，因而，也成为高收入人群的消费品。

3. 新奇农产品的生产与消费需求

（1）新奇农产品的生产 新奇农产品是指少见的不同于一般的具有独特的口味、颜色、功能或形态的新品种。如：紫色花生、黑色牡丹、黄色番茄等。

新奇农产品的生产具有小规模、易垄断、易鉴别的特点。

（2）新奇农产品的消费需求 新奇农产品的消费主要是满足人的猎奇心理，吸引人的眼球，使其产生影响。

4. 特色农产品消费需求的主体

（1）超市 超市是该类产品销售的重要渠道之一。由于超市客流量巨大，无论价格实惠的散装的杂粮、特产、新奇农产品还是包装精美的礼品装，都可以销售。

（2）粮店 粮店是杂粮销售的重要场所，尤其是为了满足自己需求的消费者，往往到粮店购买价格实惠的杂粮。但是，粮店很难成为特产和新奇农产品的销售场所。

（3）商店和专卖店 该类产品的礼品包装，放到土特产专卖店，是一个不错的选择，然而，专卖店的销售存在较大的不确定性，有时长期无人问津，有时急需大量。货物配送存在较大难度。

（4）网店 网店销售是一种新的销售渠道，对于该类产品的销售，往往因为生产标准难以达到网站要求，或体积庞大、物流成本太高，或易变质、不易长时间贮藏运输而导致网络销售效果并不理想。

（5）农产品贸易公司 农产品贸易公司，往往是专业经商人士进行管理和运作的，将该类产品通过农产品贸易公司推广销售，往往可能大幅度提高销售量，可能获得更高利润，可能工作得更轻松。

案例——琉璃脆——封丘贡芹

封丘贡芹是一种远近闻名的优质芹菜，具有蔬、果、药三品同源之特点。封丘贡芹是一个传统特产，具有悠久的栽培历史，自古就有“封芹延波”之称，被誉为“新乡一绝”。据记载：“封丘芹菜”因其珍稀曾作为北宋宫廷专属贡品而誉满九州。明清时期亦被列入御膳房贡品，封丘贡芹“琉璃脆”遂名扬天下。

封丘芹菜根冠肥大，根似龙首，叶似凤尾，茎鞘如笙，色泽鹅黄清雅，根、茎、叶皆可入菜。入口甘甜脆嫩而无渣，细品芹香悠远，回味余韵绵甜，生食脆而无渣，熟食鲜香兼有，实为餐桌佳品。

然而，由于封丘贡芹采用的是传统种植方式，施用独特的沼渣、油渣、豆腐渣等肥料，并经过长达近两个月的封埋，生产成本高、周期长，因此，导致生产规模小、产量低。目标客户只能是高端消费人群，销售时采用分级、分类销售。

封丘县贡芹种植专业合作社针对封丘贡芹的特点，采取了针对性的营销渠道，精选优质的封丘贡芹优先配送“四五星级酒店”，满足高端消费需求。同时，生产高端饮品“封丘贡芹汁”，专供商务招待，取得了较好的经济效益。

案例解析

发展具有地理标志的产品，是小经营者获得高收益的出路。

学习任务2　了解农产品营销策略

一、品牌营销

品牌营销通俗讲，就是把经营者产品的质量、文化以及独特性，通过某种方式将其特定形象深刻地印入消费者的心中，最终形成品牌效益的营销策略和过程。品牌营销就是把经营者的形象、知名度、良好的信誉等展示给消费者，从而在消费者的心目中形成对经营者产品或者服务的美好印象。

品牌营销的关键在于为品牌找到一个具有差异化个性、能够深刻感染消费者内心的品牌核心价值，它让消费者明确、清晰地识别并记住品牌的特点与个性，是驱动消费者认同、喜欢乃至爱上一个品牌的过程。

品牌营销的前提是产品要有质量上的保证，这样才能得到消费者的认可。品牌建立在有形产品和无形服务的基础上。有形产品是指产品的核心功能、新颖包装、独特设计以及富有象征吸引力的名称等。而无形服务是在销售过程或售后服务中给消费者以满意的感觉，体验到做“上帝”的幸福感，让他们始终觉得选择买这种产品的决策是对的，买得开心，用得放心。

纵观现状，从现在的技术手段推广来看，目前市场上的产品质量其实已经差不多，从消费者的立场看，他们看重的往往是经营者所能提供的服务多寡和效果如何。从长期发展来看，建立品牌营销是经营者长期发展的必然选择。对经营者而言，既要满足自己的利益，也要顾及消费者的满意度，注重共赢，赢得永久客户。

品牌不仅是经营者、产品、服务的标识，更是一种反映经营者综合实力和经营水平的无形资产，在经营的每个环节都具有举足轻重的地位和作用。对于一个经营者而言，唯有运用品牌，操作品牌，才能赢得市场。因此，积极开展品牌营销，是农产品经营者的必修课题。

案例——“好想你”，你知道吗？

2011年5月20日，好想你枣业股份有限公司成功登陆深圳证券交易所，成为中国枣业第一股。“好想你枣”是继双汇、思念之后农业大省河南的又一张闪亮名片。

中国红枣的种植面积占全世界的99%以上，新郑是中国枣树发源地之一。数千年来坊间传诵：“临潼石榴砀山梨，新郑小枣甜似蜜。”这表明新郑有数千年的大规模种植枣树的历史。好想你枣业作为国内最大的红枣产销龙头企业，年产量大概为16 000吨，市场占有率1.8%。

1. 产品：从产地保证与产品创新

好想你的产品，除了鲜枣，枣干、枣片等干果类，还有形状类似口香糖的枣片、功能性口服系列、特需营养浓浆系列、塑形养颜饮品系列、保健养生酒系列、养生饮品系列、收藏高端礼品系列以及孕妇伴侣系列等特殊形态产品。为了扩大经营范围，锁定更多高端消费者，好想你还进行了产品同心多元化整合，增加产品经营品类，从专营红枣类产品，调整为经营全国精品特产、药食两用养生食品以及木本粮健康食品，如山药、核桃、花生等品类。

2. 品牌：从奥星到好想你

好想你前身是1997年成立的河南省新郑奥星实业有限公司，1996年歌星周冰倩的《真的好想你》红遍大江南北，2000年，奥星开了第一家直营店，创始人石聚彬注册了“好想你”品牌。这个透着温馨、浪漫、直白的名字大家都容易记得住。从寓意上分析，“好想你”天生带有礼品品类性质的内涵，自然成为馈赠亲朋的一个“贴切的理由”。好想你赞助河南电视台品牌栏目《梨园春》，随着该栏目在全国的逐渐叫响，好想你红枣也被消费者熟知。在销售网点选择上，火车站、飞机场、旅游景点，凡是游客出入的地方，都有好想你产品展示，使得好想你被更多的外地游客接受。随后，有“邻家女孩”之称的演员杨紫成为“好想你”品牌代言人，通过影视、车体、户外等多种形式进行品牌传播。2008年，获国家农业部“中国名牌农产品”称号；2010年10月8日，“好想你”被国家工商行政管理总局认定为驰名商标。

3. 从公司品牌到地方品牌

得到官方的认可并推广，无疑成为好想你品牌营销的又一大亮点。在全国“两会”期间，河南前省委书记卢展工连续三年推广河南的特产，其中就有“对河南的感情很深，怎么表达，‘好想你’”。以前，好想你红枣最多是送送亲戚朋友，但自从省委书记推介后，渐渐变成了河南礼品，大家觉得送外宾都不丢面子。

案例解析

好想你在品牌建设的过程中，是因地制宜，一步一个脚印，按部就班地发展起来的。好想你是在发挥新郑数千年大枣种植历史和十几万亩大枣种植基地的基础上，采用现代的企业管理模式，并利用了媒体及名人的影响力迅速扩大了影响，并采用了多种销售渠道实现了销售规模的扩大，而较高的定价策略为企业带来了丰厚的效益。规模的扩展和丰厚的效益为公司建立品牌奠定了基础。借助观光旅游、政府平台又提升品牌影响力，实现了品牌的飞跃，成为中国驰名品牌，造就了大枣第一品牌的荣耀，成了河南特产、中国特产的口碑。

二、服务营销

服务营销是一种通过关注消费者的多样化需求，进而提供合理产品及服务，最终实现成功销售所采取的一系列营销方式。作为服务营销的重要环节，“关注消费者需求”的质量好坏，将决定是否实现成功销售，进而影响消费者的满意度。

由于科学技术的进步和社会生产力的显著提高，产业升级和生产的专业化发展日益加速，使产品的质量得到不断改善。而且，随着劳动生产率的提高，市场转向买方市场，消费者随着收入水平提高，他们的消费需求也逐渐发生变化，需求层次也相应提高，并向多样化方向拓展。这导致经营者之间的竞争日趋激烈，为提升各自竞争力，因此也出现了经营者更倾向于通过提供各种服务，进而去达到获得消费者更高的满意度，提升消费者的忠诚度，提升业绩的目的。

由于服务营销因需求的不同具有多样性和分散性，且受服务人员的技术、技能、素养，甚至心情的影响，服务质量不可能有唯一的、统一的衡量标准，而只能有相对的标准和凭消费者的感觉体会。

由于农产品的终端消费者具有长期需求、分散购买以及习俗偏好的特征，通过满足需求的服务营销方式，易培养忠诚的顾客。

三、国际营销

国际营销是指企业超越本国国境进行的市场经营活动。在确定正确的市场定位后制定适当的营销组合方案以满足国际市场的需要，从而实现企业的利润。国际营销与国内营销一样，同样需要经营者文化整合、市场调研、市场分析、市场细分、市场营销组合、实行目标营销等一系列营销过程的战略确定及战术实施。国内营销和国际营销定义的唯一区别表面上看在于国际营销活动范围是在一个以上国家进行的。而实际上，开展国际营销活动的难度远远大于国内营销。由于，国际营销既要适应国内环境，又要适应国际环境，因而国际营销比之国内营销具有更大、更多的差异性、复杂性和风险性。

在国际营销的大趋势下，经济贸易将向全球化、一体化方向发展。经营者面临的既是机遇又是挑战，如何面对机遇，迎接挑战呢？一个经营者在国际营销中的立足之本应该是产品本身，但同时也要建设品牌形象才能实现在国际上的发展，才能得以在国际营销中占据重要地位。

案例——永良甘薯闯迪拜，跨出国门挣外汇

延津县永良甘薯种植专业合作社成立于2007年，注册资金105万元，位于延津县北部的黄河古道腹部，属华北平原南部，暖、湿带季风性气候区；土地沙质，气候温和、雨水适宜，对繁育、种植、生产高品质甘薯品种十分有利，产品色、形、味俱佳。多年来，本社产品在省内外市场上已形成很大的影响力，是河南省植物脱毒中心豫北地区脱毒良种繁育基地。目前拥有37个原种繁育大棚、130个良种繁育大棚，可育优质原种种苗2 000万株，良种种苗5 000万株，现有标准化甘薯储存窖4座，存储量2 500万千克，育苗田130亩。

2013年1月，阿联酋迪拜首派代表团来到郑州，举行庆祝与河南省缔结国际友好城市五周年活动。在活动中，永良甘薯合作社的各种薯类引起了代表团极大的兴趣。

5月中博会期间，南非约翰内斯堡市代表团团长保罗·恩索和市议会经济顾问兰色勒特·祖玛考察了永良甘薯种植专业合作社，并签订了购买甘薯协议。8月，延津县永良甘薯种植专业合作社的第一批脱毒甘薯销往阿联酋，后又销往迪拜和非洲各国。［资料来源：河南科技报（2013.8.19）和合作社新闻］

案例解析

延津县永良甘薯种植专业合作社在建设好产品基地的基础上，借助文化交流和博览会的平台宣传产品，在政府职能部门支持及贸易公司的帮助下，实现了产品的出口。再次证明了好的农产品才能被消费者认可，初级农产品同样也可以走出国门，小小合作社也能做大事情。

四、网络营销

网络营销指基于互联网平台，利用信息技术与软件工具发现、满足或创造顾客需求，利用互联网（包括移动互联网）所进行的市场开拓、产品创新、宣传推广等活动的总称。满足公司与客户之间交换概念、产品、服务的过程，通过在线活动

创造、宣传、传递客户价值，并且对客户关系进行管理，以达到一定营销目的的新型营销活动。伍俊提出，网络营销具有跨时空、整合性、交互性、成长性和经济性等特征，网络营销已成为营销方式中必不可少的营销手段。

网络营销是以现代营销理论为基础，借助网络、通信和数字媒体技术，实现营销目标的营销活动；是科技进步、经济发展、消费者价值观变革、市场竞争等综合因素促成的，是信息化社会的必然产物。

网络营销是经营者整体营销战略的一个组成部分，是建立在互联网基础之上，借助于互联网特性来实现一定营销目标的一种营销手段。

网络营销就是为了借助互联网使得企业品牌在网络中迅速有效地传播，提高经营者知名度，提升经营者品牌效应。

网络营销好比是一个系统工程，涉及很多方面，需要结合经营者自身的实际情况，对市场进行需求分析，细致分析后做好网络营销计划，最终才能够实现网络营销对经营者宣传推广的作用。计划包括经营者网站的建设，发布经营者的信息，营销预算，选择网络营销方式和推广产品，安排网络营销专业销售人员，客户服务等，计划要把所有的工作安排到位，周密的计划能够使经营者在网络营销过程中平稳地前行，从而达到理想的网络营销效果。

构建经营者网站是在网络营销过程中非常重要的一环。但事实上，大多数经营者的网站并没有发挥出宣传推广的作用，起不到网络营销最初设定的效果。

这是因为，经营者认为网站是经营者在互联网的形象，一味地着重于网络的外观设计，导致建设网站时忽略了网站的实用性。此外，还因农产品经营者与网站设计者缺乏有效深入的沟通，没有突出产品的核心价值和特征。

案例——流金叠翠的网销之路

流金叠翠词意形容秋天美丽的景色，碧绿和金黄交相辉映，呈现的是金秋时节，表达了五谷丰登、瓜果飘香、蟹肥菊黄，述说着丰收的喜悦，承载着幸福与美满的寓意。于2012年被注册为商标。

流金叠翠，主要经营济源冬凌茶、封丘金银花茶、温县怀菊花、温县铁棍山药、获嘉药黑豆、原阳大米、双真石磨面粉、鹤壁火龙岗红薯粉条、太行山的野生花椒、新乡花生油、南阳邓州黄酒等农民专业合作社的产品。

流金叠翠注册商标的同时，注册了域名建立了自己的网站：http：//www. liujindiecui. com/；http：//www. liujindiecui. cn/；同时在淘宝网开设了自己的网店，在淘宝网店铺栏可以很方便就查询到。

案例解析

流金叠翠认识到了网络的作用及意义，通过网络应用，提高了产品的知晓率、增加了产品的交易机会，也的确增加了产品的销售量。然而，由于受技术及认识的影响，网站的作用并没有充分发挥出应有的作用，从淘宝网上可以看到，农产品的销售成绩记录往往仅有数百个，上千销量的农产品数量少之又少。跟工业产品动不动就上万甚至数十万个相比，相差很大。这不仅因为农产品的附加值相对较低，物流成本高、易过保质期等客观因素的影响，还受农产品的均一性、品相、品质及消费者的认知性差异的影响。面对农产品网上销售量低的问题，农产品网络营销还需要新的模式去突破。

五、微信营销

微信营销指基于网络经济时代，随着智能手机越来越普及和微信走向大众化的进程，商家通过提供用户需要的信息，推广自己的产品，从而实现点对点的营销。微信营销具有比网络营销更多的优势。

微信出现于2011年1月21日，是腾讯公司推出的一个为智能终端提供即时通讯服务的免费应用程序，实现了人与人的实时沟通。由于它支持发送语音短信、视频、图片和文字，可以群聊，获得了用户的认可，到2012年3月，在短短的一年多时间里，用户数突破1亿大关。

微信营销实现了点对点的精准营销。微信拥有庞大的用户群，借助移动终端、天然的社交和位置定位等优势，每个信息都是可以推送的，能够让每个个体都有机会接收到这个信息，继而帮助商家实现点对点的精准营销。

微信营销具有灵活多样的形式。常见的有：①漂流瓶。用户可以发布语音或者文字然后投入大海中，如果有其他用户“捞”到则可以展开对话，如：招商银行的“爱心漂流瓶”用户互动活动就是个典型案例。②位置签名。商家可以利用“用户签名档”这个免费的广告位为自己做宣传，附近的微信用户就能看到商家的信息，如：饿的神、K5便利店等就采用了微信签名档的营销方式。③二维码。用户可以通过扫描识别二维码身份来添加朋友、关注企业账号；企业则可以设定自己品牌的二维码，用折扣和优惠来吸引用户关注，开拓O2O的营销模式。④开放平台。通过微信开放平台，应用开发者可以接入第三方应用，还可以将应用的LOGO放入微信附件栏，使用户可以方便地在会话中调用第三方应用进行内容选择与分享。如，美丽说的用户可以将自己在美丽说中的内容分享到微信中，可以使一件美丽说的商品得到不断的传播，进而实现口碑营销。⑤公众平台：在微信公众平台上，每个人都可以用一个QQ号码，打造自己的微信公众账号，并在微信平台上实现和特定群体的文字、图片、语音的全方位沟通和互动。

微信营销具有强关系的机遇。微信的点对点产品形态注定了其能够通过互动的形式将普通关系发展成强关系，从而产生更大的价值。通过互动的形式与用户建立联系，互动就是聊天，可以解答疑惑、可以讲故事甚至可以“卖萌”，用一切形式让经营者与消费者形成朋友的关系，你不会相信陌生人，但是会信任你的“朋友”。

微信具有明显的优势，主要包括：

1. 高到达率

营销效果很大程度上取决于信息的到达率，这也是所有营销工具最关注的地方。与手机短信群发和邮件群发被大量过滤不同，微信公众账号所群发的每一条信息都能完整无误地发送到终端手机，到达率高达 100%。

2. 高曝光率

曝光率是衡量信息发布效果的另外一个指标，信息曝光率和到达率完全是两码事，与微博相比，微信信息拥有更高的曝光率。在微博营销过程中，除了少数一些技巧性非常强的文案和关注度比较高的事件被大量转发后获得较高曝光率之外，直接发布的广告微博很快就淹没在了微博滚动的动态中了，除非你是刷屏发广告或者用户刷屏看微博。

而微信是由移动即时通信工具衍生而来，天生具有很强的提醒力度，比如铃声、通知中心消息停驻、角标等，随时提醒用户收到未阅读的信息，曝光率高达 100%。

3. 高接受率

微信用户已达过亿之众，微信已经成为超过类似手机短信和电子邮件的主流信息接收工具，其广泛性和普及性成为营销的基础。比如，微信大号动辄数万甚至数十万粉丝。除此之外，由于公众账号的粉丝都是主动订阅而来，信息也是主动获取，完全不存在垃圾信息遭抵触的情况。

4. 高精准度

事实上，那些拥有粉丝数量庞大且用户群体高度集中的垂直行业微信公众号，才是真正炙手可热的营销资源和推广渠道。比如酒类行业知名媒体佳酿网旗下的酒水招商公众账号，拥有近万名由酒厂、酒类营销机构和酒类经销商构成的粉丝，这些精准用户粉丝相当于一个盛大的在线糖酒会，每一个粉丝都是潜在客户。

5. 高便利性

移动终端的便利性再次增加了微信营销的高效性。相对于 PC 电脑而言，未来的智能手机不仅能够拥有 PC 电脑所能拥有的任何功能，而且携带方便，用户可以随时随地获取信息，而这会给商家的营销带来极大的方便。

微信营销也存在一些缺点和不足。微信营销所基于的强关系网络，如果不顾用户的感受，强行推送各种不吸引人的广告信息，会引来用户的反感。凡事理性而为，善用微信这一时下最流行的互动工具，让商家与客户回归最真诚的人际沟通，才是微信营销真正的机会。

案例——“小农女送菜”的故事

三个年轻有为的青年聚在一起卖菜，他们不是在我们经常去的菜市场卖菜，而是通过微信来进行营销，他们三个中的两个是来自腾讯团队，这也使他们更容易在微信上成功！

小农女团队选择的送菜地点目前主要在深圳科技园附近，他们提供的也是半成品（也就是净菜）。他们的微信用户可以在前一晚用微信预订，小农女团队会在早上5点采购菜品，并在下午3点多以前完成对食材的装配，通过自建物流完成下午4～6点的配送。而用户这边则可以在下班前收到送来办公室（或是家里）的新鲜菜品，到点回家就能做饭。

这样的流程是小农女团队辛勤摸索出来的，他们从一无所知到熟练，经历过多少挫折，只有他们知道！创业团队贵在创新，他们不仅敢创新，还能坚持摸索，坚持到成功，真是可贵。

案例解析

小农女成功的几个要点：

1. 名字有创意。虽然创业团队有三个大老爷们，但他们的思维能够突破男人限制，从“卖菜”“小龙女”想出“小农女”真是让人叫绝！

2. 传单的创意。传单的成功就在于传单上有什么内容，从发到人手里到看传单的那1～2秒，能不能吸引人就看单子的内容，而他们在传单上印有显眼大字“微信送菜”，这肯定能吸引人们去拿手机扫一扫。

3. 前期试运营。小农女团队每天送出30个特价单，每单赔10元，售价9.9元，但是必须要把图文信息分享到自己朋友圈才有机会获得特价菜。

4. 每天推送的信息无广告化。虽然小农女团队是卖菜的，推送的内容也应该是菜品，但是作为用户，谁都不希望每天收到广告信息。于是小农女团队想办法让自己信息做得不像广告，他们经常会发一些有关饮食人文、创业想法的文章等，这就使之拉近了与用户之间的距离。

六、绿色营销

绿色营销是指社会和企业在充分意识到消费者日益提高的环保意识和由此产生的对清洁型无公害产品需要的基础上，发现、创造并选择市场机会，通过一系列理性化的营销手段来满足消费者以及社会生态环境发展的需要，实现可持续发展的过程。

绿色营销的核心是按照环保与生态原则来选择和确定营销组合的策略，是建立在绿色技术、绿色市场和绿色经济基础上的、对人类的生态关注给予回应的一种经营方式。

绿色营销不是一种诱导顾客消费的手段，也不是企业塑造公众形象的“美容法”，它是一个导向持续发展、永续经营的过程，其最终目的是在化解环境危机的过程中获得商业机会，在实现企业利润和消费者满意的同时，达成人与自然的和谐相处，共存共荣。

绿色营销是企业营销活动中体现的社会价值观、伦理道德观，是在充分考虑社会效益的前提下，自觉维护生态平衡，自觉抵制各种有害营销。

农产品绿色营销的前提必须是绿色的生态环境，没有绿色的生态环境，绿色营销就无从谈起。在一个污染的环境中，怎能生产出绿色的农产品？

案例——红提葡萄变绿了

河南省宏力高科技农业发展有限公司成立于2000年2月，是集红提葡萄研究、种植、储藏、包装、销售为一体的大型现代化企业。自成立至今，现已开发建成7个红提葡萄种植区，种植面积达13 000亩。2004年6月，“宏力”牌红提葡萄被中国绿色食品发展中心认定为A级绿色食品，并于2007年6月顺利通过了续认，2010年11月再次通过了续认。

2005年，“宏力”牌红提葡萄被河南省林业厅评为“河南省林产品十大品牌”之一；2007年，公司产品被河南省农业厅评为“河南省名牌农产品”。2009年，公司被评为国家葡萄产业技术体系重点示范点。公司严格按照绿色食品生产操作规程来提高果品质量，在开园之初，就对当地的土壤、水质、环境进行了调研和检测，选择周围没有任何污染源、土壤和地下水（葡萄灌溉的主要水源）也没有任何污染残留的土地做葡萄生产园区。公司还通过果实套袋、果实采后分级等综合措施提高葡萄质量，使得公司生产的产品得到了广大客户的认可，在国内的水果市场上颇有影响。

案例解析

河南省宏力高科技农业发展有限公司通过实施绿色农产品营销措施，为公司创造了具有竞争力的产品，不仅满足了消费者的对绿色食品安全的需求，而且为公司的发展奠定了坚实的物质基础，并实现了农业可持续发展。公司在实施绿色营销的过程中，也为公司创造了品牌，争取了竞争力，使公司获得了巨大的无形资产，成为地方绿色产品的代表。

七、文化营销

文化营销强调企业的理念、宗旨、目标、价值观、员工行为规范、经营管理制度、企业环境、组织力量、品牌个性等文化元素，其核心是理解人、尊重人、以人为本，调动人的积极性与创造性，关注人的社会性。在文化营销观念下，经营者的营销活动一般奉行一些原则：给予产品、企业、品牌以丰富的个性化的文化内涵。

文化营销是利用文化进行营销，是指经营者在企业核心价值观念的影响下，所形成的营销理念，以及所塑造出的营销形象。

经营者卖的是什么？中秋节吃月饼吃的是什么，我们难道吃的只是它的味道吗？不是，我们吃的是中国民族传统文化——团圆喜庆。端午节吃的只是粽子吗？不是，端午节我们是在纪念屈原——历史文化。过生日吃的只是蛋糕吗？也不是，吃的是人生的希望与价值。

总之，通过以上例子我们看到在产品的深处包含着一种隐性的东西——文化。经营者向消费者促销的不仅仅是单一的产品，产品在满足消费者物质需求的同时还满足消费者精神上的需求，给消费者以文化上的享受，满足他们高品位的消费。这就要求经营者转变营销方式进行文化营销。

物质资源会枯竭的，唯有文化才能生生不息。文化是土壤，产品是种子，营销好比是在土壤里播种、耕耘，培育出品牌这棵大树。

文化营销是指把产品作为文化的载体，通过市场交换进入消费者的意识，它在一定程度上反映了消费者对物质和精神追求的各种文化要素。文化营销既包括浅层次的构思、设计、造型、装潢、包装、商标、广告，又包含对营销活动的价值评判、审美评价和道德评价。

案例——北京烤鸭飞上天

北京烤鸭是具有世界声誉的北京著名菜式，由中国汉族人研制于明朝，曾是宫廷食品。用料为优质肉食鸭的北京鸭，果木炭火烤制，色泽红润，肉质肥而不腻，外脆里嫩。北京烤鸭分为两大流派，而北京最著名的烤鸭店也即是两派的代表。它以色泽红艳，肉质细嫩，味道醇厚，肥而不腻的特色，被誉为“天下美味”。

案例解析

北京烤鸭只是餐桌上的一道菜，好吃的菜有千千万万种，但是它之所以能够成为北京的招牌菜，是因为它与明朝在北京建都后的文化有紧密的联系。因明朝的皇帝爱吃烤鸭，引入北京，又经数百年的发展，北京烤鸭积淀了丰富的文化，尤其是新中国成立后，进入国宴名录，招待国际友人，使北京烤鸭更加闻名世界。北京烤鸭的品牌成为中国饮食文化的象征之一，因此，到中国、到北京，常常会有一种“品尝北京烤鸭，感受中华饮食”的欲望。

八、体验营销

体验营销是指经营者让目标消费者通过观摩、聆听、尝试、试用等方式，使其亲身体验经营者提供的产品，让顾客实际感知产品的品质、性能等，从而促使消费者认知、喜好并购买的一种营销方式。这种方式以满足消费者的产品需求为目标，以服务为平台，以体验为载体，经营高质量产品，拉近经营者和消费者之间的距离。

体验营销是在消费者有体验意愿的基础上进行的，经营者为消费者提供体验项目，并让消费者参与其中，通过消费者的亲身体会认识所需产品的功能或独有的特征，从而产生购买的行为。

体验营销的主要原则：①适度，体验营销要求产品和服务具备一定的体验特性，顾客为获得购买和消费过程中的“体验感觉”，往往不惜花费较多的代价。②合理，体验营销能否被消费者接受，与地域差异关系密切。各个地方由于风俗习惯和文化的不同，价值观念和价值评判标准也不同，评价的结果存在差异。因此，体验营销活动的安排，必然适应当地的风土人情，既富有新意，又符合常理。

案例——游览龙泉果园，体验农事文化

河南省龙泉集团农业开发有限公司位于河南省新乡县七里营镇龙泉村，是集旅游、度假、休闲、餐饮、娱乐、生产为一体的高效农业园区，也是国家3A景区、全国农业旅游示范点。

公司于2001年建立了一个占地1 500亩“三季有花、四季有果”的农业高科技园区，内设有精品水果区、水果采摘区、农事体验区、花卉观赏区、农业史教育区、垂钓中心、水上园中园、游乐园以及正在建设中的占地300余亩的龙泉湖等。公司生产基地出产的精品水果有30余种，精品水果区实现了春季赏花，夏、秋、冬季既可赏花又可尝果。游客在3月初开始就能欣赏到杏、桃、梨花的美丽，自4月开始游客在园中就可以品尝到绿色精品水果。

农业生产生活资料展览室展示民俗文化；农业体验活动区有林果专家、花卉专家给游客讲解农业、林果知识。

案例解析

河南省龙泉集团农业开发有限公司以体验营销措施拉动当地果品行业发展，充分发挥公司紧邻人口数百万的新乡市的优势，通过旅游、度假、休闲、娱乐等方式为消费者提供亲近自然、体验农业生产过程、享受收获喜悦的机会，实现农产品的增值。

体验营销的形式也多种多样，如：田园农业休闲、民俗风情休闲、农家乐休闲、乡村旅游休闲、度假休闲、科普教育体验等。

九、其他营销策略

此外，还有电话营销、会议营销、调查营销、展示营销等。其方式层出不穷，也是营销模式及理论发展的重要基础。

思考与练习

1. 基本概念
   大宗农产品
   生鲜农产品
   特色农产品
   服务营销
   国际营销
   微信营销
   网络营销
2. 简述题
   简述生鲜农产品的生产与消费需求。
   简述特色农产品的生产与消费需求。
   简述什么是品牌营销。
   简述微信营销的优势。
   简述绿色营销的特点。
   简述体验营销的特征。
3. 思考题
   试述服务营销的现状与问题。
   试述互联网时代农产品的营销模式。
   试述特产应具备的特征及特产营销渠道的选择要求。

模 块 七
掌握农产品市场营销策划

【学习目标】

1. 了解营销策划的概念、特点和原理等。
2. 掌握营销策划的方法和程序，营销策划书的撰写原则和技巧。
3. 熟悉农产品市场营销策划书的编写格式和内容。
4. 理解农产品市场营销策划书的意义和作用。

学习任务1　认识市场营销策划

一、营销策划的概念

策划种类繁多，营销策划则是将策划运用于经营者经营活动的重要分支。营销策划作为市场营销学领域中新崛起的细分学科，需要多门学科的综合运用，是市场营销中的高层次艺术，因此，越来越受到人们的重视。

营销策划是经营者对将来发生的营销行为进行超前的计划、安排。具体而言，就是为达到预定的市场目标，运用市场营销学、管理学、财务学原理等，将创意或点子等进行论证并且变为操作实践的全过程。

经营者的营销是一种以交换为目的的经营活动，其他组织和个人的营销同样也是为了某个既定目的的活动。为了实现目的，达到预期目标，就必须与市场建立密切的关系，科学地分析市场、顾客及与之相关的各种因素，然后创造性地运用自己的能量，力求在适当的时间、适当的地点，以适当的价格和适当的促销方式让顾客的需求得到满足。例如，推销一种观念，就必须采取一定的策略和战术使大众自觉地接受它。而在这个过程中，营销人员所做的分析、判断、推理、预测、构思、设计、安排、部署等工作，便是营销策划。

营销策划包括创意、论证、操作和检验四个方面。创意是策划的灵魂；论证是策划的路标，是对创意进行的可行性论证；操作是策划的核心，它在创意和论证的基础上去实施既定的目标，也就是实施过程；检验则是对策划的评估和总结。

二、营销策划的分类

营销策划的内容是相当丰富和广泛的，按照不同的标准，有不同的分类。

以策划的对象为标准，营销策划可以分为经营者策划、商品策划和服务策划。这分别是从经营者整体、商品的开发与销售、满足顾客需求的角度进行的策划，目的是为了树立良好的企业形象、扩大商品的市场占有率和提高经营者信誉度。

以市场发展的程序为标准，营销策划可以分为市场选择策划、市场进入策划、市场渗透策划、市场扩展策划、市场对抗策划、市场防守策划、市场撤退策划。这主要是根据产品进入市场的不同阶段和竞争对手的不同情况而采取的不同营销策划。

以营销策划的目标和要求为标准，营销策划可以分为战略策划、战术策划或创意策划、经营理念设计策划、营销方案策划等。

对营销策划进行分类研究，便于我们认识营销策划的本质，并根据经营者实际需要和策划人的条件，设计出完美的营销方案来。

三、营销策划的特点

1. 主观性

营销策划自始至终都有人脑在参与，它建立在对未来预测的基础上，是客体作用于主体后所形成的主观产物。因此，虽然营销策划所依据的信息是客观的、现实的，但经过人脑的操作，就有了主观的烙印，具体表现如下。

（1）不同个体对同一事物或信息的认识是有差异的。每个人的生活背景不同，生活实践和阅历各异，再加上气质性格、兴趣爱好、价值取向等的不同，对同一信息做出的判断反应也不同。

（2）不同的个体，对同一事物或信息的处理方式也不同。因此，不同的策划人员对同一时期、同一市场的认识会出现差异，自然也就会产生不同的营销策划方案。

（3）在不同的情况下，同一主体对同一事物或信息有不同的看法。心情舒畅时看事物“顺眼”，而不畅时就不“顺眼”。在不同的情况下，同一个体对同一事物或信息的处理也会不同。心情愉快与不愉快时对同一事物的处理方式肯定不同。同样，同一策划人对同一产品的营销方案在此时与彼时也不完全一致，因为此时与彼时的市场情况和顾客需求已然发生了变化。

2. 超前性

策划是对未来环境判断并对未来做出安排的行为，营销策划则是对未来营销活动进行策划和安排的一种超前行为。营销策划是一种判断，凭借现实世界的各种资料，进行抽象思维，通过一定的逻辑推理和创意，形成对未来的预测。营销策划也是一种安排，营销人员要通过一定的方式将判断诉诸行动，形成可操作性计划方案，使创意这一闪光的火花在计划和安排中发出耀眼的光。因此，经营者要想在激烈而近乎残酷的市场竞争中求得生存和发展，就必须从新的营销视角、新的营销观念、新的营销思维出发，对经营者生存和发展的宏观经济环境和微观市场环境进行分析，寻找经营者与目标市场顾客群的利益共性，以消费者满意为目标，重新组合和优化配置经营者所拥有的和可供开发利用的各种人、财、物，对整体市场营销活动或某一方面的市场营销活动制订策划方案。

3. 系统性

系统是由若干相互联系和相互制约的要素按一定的方式组成的具有特定功能的有机整体。市场是一个系统，营销策划也是一个系统，是由多功能经营活动组成的综合系统。产品、价格、渠道、促销等都是构成市场营销活动的子系统。经营者要想在市场竞争中获得营销的成功，必须对整体市场营销活动进行全面、系统的设计。

（1）营销策划的系统性表现在时间上，需要一系列的营销活动来支持和完成。一个活动的结束，必然是下一个活动的开始，各个活动又由一个主线——策划目标连在一起，构成营销活动链。而整个营销策划由于有了营销链的存在，而构成一个有机的系统的整体。缺乏这样的活动链的营销策划是不可行的，也不会有结果。

（2）营销策划的系统性表现在空间上的主体组合。大的营销活动是需要各种因素配合的，尤其是需要营销要素的立体组合。通过对营销组合的各个要素的整体策划，才能在实践活动中使营销组合形成综合推动力。单一的产品销售模式，即平面的销售模式，已经不适应时代和经营者的要求了。时代需要的是系统的主体的营销策划，需要充分发挥既有资源、可利用资源和潜在资源的最大效用，实现经营者的近期目标和长远目标。

4. 复杂性

营销策划是一项系统工程，一项要求投入大量智慧的高难度的脑力劳动，一项非常复杂的智力操作工程。营销策划的复杂性主要表现在以下三个方面。

（1）营销策划需要一定理论支撑和大量知识的投入。一个优秀的营销策划方案，是经济学、市场学、管理学、商品学、心理学、社会学、文化学、策划学、营销学等多门学科的综合运用和融会贯通，并且能够较灵活地与策划知识结合起来。

（2）要有大量的当前知识和直接经验运用到营销策划中。营销策划过程是一个动态的过程，需要与当前的形势与环境相适应，而非纸上谈兵。以前的知识和间接经验总是有一定的滞后性，是落后于现实的，照抄照搬是没有创意的，优秀的营销策划来源于现实，来源于对现实大量信息的获取、分析和提炼。因此这就要求营销策划人员对当前的市场状况有清楚、全面、系统的认识和理解，集灵活性和变通性于一身，能随时适应变化着的市场。

（3）营销策划需要进行庞杂的信息处理。在着手准备时，便要积极主动地收集信息。它包括各方面的信息，如政治信息、经济信息、法律信息等，然后对这些信息进行处理，找出有用的进行加工，最后还要检验信息处理结果。这一切都是十分复杂的劳动。

5. 创新性

创新是策划的灵魂，失去了创新性的策划活动就不能被称为策划。经营者要构筑新的事业概念，发展新的技术，采用新的管理模式方法。只有通过创新性的营销策划才能使经营者在竞争中脱颖而出。在策划过程中，要求不断创新，通过奇妙的构想、别致的手法、精密的安排达到出奇的效果。如果从营销的角度来谈产品的创新，更多是指改变旧的思维模式，改变看问题的角度和方法。

6. 可行性

一个策划无论多么完美，如果得不到贯彻实施，终究是纸上谈兵。只有经营者结合外部环境和自身状况的实际变化，因时因地因人制宜，量力而行，准确定位，做出客观理性的分析和思考，才能够使设计的方案切实可行。策划的可行性特点主要表现在以下方面。

（1）利害性分析，分析策划方案可能产生的利益、效果、危害和风险，综合考虑，全面衡量利害得失。

（2）经济性分析，分析策划方案是否符合“最大投入产出比”原则。经营者进行营销策划的最终目的在于取得经济效益，这就要求在策划方案中有详尽的预算，减少不必要的开支，从而达到经营者要求的发展目标。

（3）科学性分析，要有科学的理论指导，通过实际调查进行研究、预测，严格按照策划程序进行创造性思维和科学想象而形成。

（4）合法性分析，策划方案要符合法律法规和一般惯例的规定。

四、营销策划的基本原理

1. 创新出奇原理

创新出奇是营销策划的第一大原理。在现代商战中，没有新意的营销策划只能使经营者销声匿迹，只有独辟蹊径、创新出奇才能使事业成功。

2. 抓纲办事原理

奇，不但要“大”，超出常人想象，还要“可”，在可行范围内。“抓纲办事”就是要抓住闪光点，简单易行。简单，一方面是指其方案简单，步骤简单、易行，目标通过合理规划而变得易于实现；另一方面是指为实现同样的经营者营销总目标，而选择同时存在的几个方案中的最简单的一种，那种冗长繁杂的营销策划方案要舍弃。易行，是指营销策划方案易于操作执行，否则易使执行者误入迷宫，难辨头绪，使操作者在实施过程中付出巨大的成本。简单与易行同时具备，才为最佳方案。

3. 整体制胜原理

营销策划的整体制胜原理是，要求营销方案能够高屋建瓴，能为经营者从多角度、多方位全面系统而完整地提供一整套切实可行的、安全系数高的设计。《孙子兵法》云："多算胜，少算不胜。"意即周密详尽、全面系统的策划才有胜算的把握，策划不周，只会招致失败。在营销策划中，也需要营销策划者能时刻站在全局高度，多层次、多角度、长远地为经营者发展而精心设计。一个优秀的策划方案是不会计较局部得失的，整体制胜才是它追求的目标。"谁笑到最后才笑得最好。"毛泽东同志在指挥人民解放战争时就重点强调不计较一池一城的得失，要灵活机动，同时又强调我军要注意寸土必争，以求每个局部都"芝麻开花"，最后终于取得人民解放战争在全国的胜利。只有全局的胜利才是真正的胜利。

4. 发展原理

世上唯一不变的是发展、变化。市场就是战场，形势瞬息万变。政府的法规政策在变、社会文化习惯在变、竞争对手在变、消费者在变、经营者自身也在变化，产品在更新换代，质量在步步提高，市场营销的主体和客体都在生生不息地变化着。营销策划既然要求把不断发展变化的经营者推向瞬息万变的市场，把不断变化更新的产品投向风云变幻的市场，就必须在策划中遵循营销策划的动态原理。"变则通，通则久"，不变就难以适应当今的市场经济。

5. 高端原理

营销策划的高端原理是指策划者在进行营销策划时，能够使思维超越时间、空间的限制，把眼光放长远一点，给人一种耳目一新的感觉。其实质是智慧能量的段位提升、创意的升华、营销策划的升华。智慧的能量来源于平日的积累，来源于营销队伍的整体素质。素质与别人不同，起点上也会与别人不同，境界上也能与众人相分伯仲。这样，高水准、高端的营销方案能在营销活动中马上震慑住竞争对手，让人觉得就是"高"，就能有效地发挥营销策划的智能、势能，有利于营销策划方案的执行者、操作者事半功倍。相反，那种低级趣味、哗众取宠、不健康的策划内容，则妄想占领市场，而事实上甚至会在市场中碰个头破血流。

6. 大整合原理

所谓营销策划的大整合原理，就是要求营销策划工作者把营销活动中所涉及的市场和自身的各种元素、各个层次、各种结构、各种功能按照营销创意、营销策划总目标和阶段分目标的主线集约整合起来，内部调整、聚合、扬长避短、避实击虚，以实现 $1+1>10$ 的系统整体功能。整合出效益，整合出奇迹。马铃薯、黄瓜、胡萝卜没有特别稀奇之处，却可以变出一盘"炒三丁"来，有时看起来根本不可能实现的东西，一经优劣互补、智能匹配式的整合就可以将原来的功能放大多倍。

一个合格的营销策划往往把经营者营销的外部因素（如政策、法规、社会习俗、文化背景、宗教、科教、竞争对手、供应商、分销商、辅助产业、消费者等）充分考虑进来，发挥它们最大的利用价值，把经营者营销的内部的制度因素（如企业奖惩制度、职工积极性、产品部门、销售部门、财务部门、人力资源部等）调动起来，每位员工在自己岗位上发挥最佳水平，让策划的每一环节顺畅、可行、达到最小投入而最高产出，充分让投入营销活动中的每一种资源“燃烧发热”。这样，整体所达到的效果将是任何一种简单的促销战略所不能比的，所产生的效益也将是可观的。

7. 终点即起点原理

市场价值的实现是经营者存在和发展的首要目标。任何经营者的营销活动都是以获取利润作为出发点的，因此营销策划的最终目标是实现利润回报。利润回报的实现又会推动经营者进行新的策划活动，追求新的利润，从而不断地循环，保证经营者扩大再生产的完成。现在很多大型的经营者会专门成立策划部，把销售利润的一部分拿出来作为策划资金，因为他们知道，营销策划是为了更好地赚取更多的利润。

五、营销策划的方法

营销策划理念的训练与培养要依靠心、眼和手的统一，通过“心”的欲想（目标管理），通过“眼”的“贼看”（洞察能力训练），通过手的勤练（动手能力训练），解决一个个策划难题。要产生高水平的策划方案，其关键在于创新，创新的关键在于策划方法。营销策划的方法主要有以下几种。

1. 捆绑法

捆绑法是用一种联系把自己与具有一定价值的事物合为一体，使价值向自己转移。经营者与强者为盟，个人与名人为友，产品与品牌配套都可以提高自身的知名度和美誉度，从而达到营销的目的。

2. 背景转换法

背景转换法即选择或创建力量更大、影响更大、价值更大的一个背景，借背景帮助自己工作，制造或寻找更加适合商务行为展开的外部环境，通过外部环境衬托来提升产品地位。例如，一个位于高新科技园以外的经营者，仅仅与高新科技园有一站之遥，但是享受不到科技园中经营者的优惠政策，更重要的是其品牌威信不能通过科技园来提升。于是该经营者老板想把自己的企业迁至科技园内，因此他和园区领导协商，为科技园免费提供一些服务，通过努力，事情办成了，他的企业成了高科技园区的企业，生意也比以前好做了，而且成交量也提高了。这是为什么呢？

是因为经营者所依托的背景不一样了。

3. 移植法

移植法即把别人的思维方法、别的地方的经营方法、其他事物的规律转移到自己的头脑中，作为创新的方法依据。移植法可分为直接移植法和间接移植法。

直接移植法即将先进地区的新兴项目或商务形式照搬到后进地区。照搬本身也是一种策划，尽管它相对于时代没有新颖性，但对于策划人自己和策划的实施者是新颖的；当然，把别处的项目抄过来，也有一个改造或改良的问题。

间接移植法即将成熟的产业理念原理方法引用于新的产业设计中，本来看起来毫无关系的两件事情，把它们联系起来，用一个事物的规律解决另一个事物的问题。

4. 重点法

重点法为一点突破带动其他部分。在面对复杂的策划对象时，首先努力寻求突出某个商务环节、某项资产、某项业务等个别线索，也可以说是主动地缩小策划对象，把策划对象首先简单化，然后加以精雕细刻，使一点首先突破，进而把局部策划产生的功效传递给整个原策划对象。重点法在生活中被人们不知不觉地采用着。现在的餐饮服务业，一些酒店在不同的时间会推出一些特价菜、优惠活动等，借此吸引消费者的注意力，可是进去之后，顾客消费的不只是特价菜，酒店可以从其他菜品或者饮料中把损失收回。

5. 逆向法

逆向法即把当前的思维角度、方向、内容、途径、目标等反过来，以寻找解决问题的方案。逆向思维是求新思维的一种典型方法，即平时所说的反向思维。

6. 组合法

组合法即把不同的策划内容组合为一体，或把不同的策划过程组合为一个完整的策划过程。把两件看似不相关的事物、事件等联系起来，加以组合，从而产生意想不到的巨大效果。这也是一种常用的创新思维方法。

7. 回避法

回避法就是不以原策划课题为解决对象，改换问题的内容，重新设立策划课题，再加以策划。也就是遇到问题“绕着走”，并且是积极地“绕着走”。如，三国时期，周瑜命令诸葛亮在三天之内造箭十万支，这显然是不可能完成的任务。但是诸葛亮却回避了造箭这个问题，把造箭想成如何借箭，于是成功地完成了任务。

8. 分解法

把一点分解成多点作为策划目标开发决策，进而达到更加深刻认识的目的。例如，将概念分解出外延，将大的步骤分解出小的步骤，将人群分解成许多部分，将事务分解成多个方面等。例如，一个经营者要达到创建名牌的目标，必须经过一系列的策划方案，一步一步地通过分目标的实现，达到经营者的最终目标，而不能一蹴而就。

9. 实证法

实证法即用实际的、让消费者看得见的功能效果来证实产品的优越性。例如，把金币粘在墙上，谁拿下来就归谁，结果当然是谁也拿不下来，用以证明胶水的质量。

六、营销策划的程序

营销策划是一项较为复杂的工作，它必须有创意的成分，同时又必须有一定的程序来保证。一般来说，营销策划要有以下几个步骤。

1. 拟订策划计划

营销策划有计划的因素存在，但其本身也是一种计划活动，所以需要拟订一个较为详细的计划来保证营销策划的顺利进行，策划计划是进行营销策划操作的依据。

（1）确定策划目的　进行营销策划，要投入大量的人力、物力、财力，稍有不妥，将导致全局混乱，流于失败，因此营销策划必须目的明确。由于各自的情况不同，策划的目的也可能有差异性，如经济性的、社会公益性的、政治性的、文化性的、形象性的、法律性的等，但无论如何，其目的都必须明确。

（2）拟定策划进程　营销策划进程必须以详细的时间表表达出来。其进程一般为四个阶段。

1）准备阶段。这一阶段是策划的前期准备阶段，包括人力、物力、财力及智力准备等，但要确定出营销策划目的，即为什么要进行这次营销策划活动。

2）调研和现状分析阶段。这一阶段在于充分搜集材料和信息，并对这些信息进行适当的加工处理。这是策划的基础阶段，影响着整个营销策划的成败，同时也是最易产生创意的阶段。

3）设计阶段。根据调研分析所得的信息和创意进行方案设计。

4）实施阶段。设计出方案以后，要综合考虑各方面的情况，挑选出最佳方案实施，实施阶段的长短，要由方案具体情况而定。

（3）预算策划经费　每一次营销策划都必须投入一定的资金。投入多少、何时投入、投向何处都需通过预算确定，同时，详细、准确的费用预算可以节约成本，获得较好的经济效益。

1）市场调研费。这是一笔很重要的开支，如果过少，资金不足，就会造成调研资料失真而导致较大的误差。这可根据项目规模的大小和难易程度来确定。

2）信息搜集费。主要是指信息检索费、资料购置费、打印费、复印费、信息咨询费、信息处理费等。

3）人力投入费用。

4）营销策划报酬。

（4）预测效果　对营销策划可能出现的效果进行预测，以此来辅助决策者进行决策。效果一般分为经济效果和形象效果。

2. 市场调研与问题诊断

市场调研，即主要对经营者外部资料（即市场各方面情况和信息）进行搜集、分析、研究，为经营者制定和调整营销策划提供素材和科学依据。问题诊断，是通过对经营者内外环境的把握与分析，针对营销目的，确定问题所在，然后制订出营销策划方案。

3. 营销策划方案的设计

营销策划方案的设计可按以下五个阶段进行。

（1）准备阶段　准备阶段要求策划人员汇总调研资料和信息，以文字、图像、表格等形式表现出来。主要人员应对信息进行消化吸收，对比分析。

（2）酝酿阶段　酝酿阶段较为复杂、漫长，否定之否定规律在此时运用最多，无数次的肯定，再无数次的否定，所以该阶段需要策划人员具有耐心和毅力。

（3）创意策划阶段　经过反复的分析、推敲，产生出创意的雏形，包括大量的创造性思维。

小知识

创意的作用主要有三个：一是为了引起他人甚至更多人的注意；二是为了包装信息，把一个很好的信息通过创意包装起来，让别人可以看到、理解并且使用；三是为了给别人留下深刻的印象。

创意有三个非常重要的元素：第一个要素是构思概念；第二个要素是选择素材，也就是寻找适当的工具来表达概念；第三个要素是表现手法，相同的素材会有不同的表现手法，自然也会产生不同的效果。

（4）论证阶段　论证阶段比较重要，一般可采取经验判断、逻辑推理、专家论证及选点试行等方式，对策划内容进行反复论证。

（5）撰写策划书阶段　撰写策划书阶段是把营销活动及其行动方案形成文字，策划书因时、因地、因不同经营者及不同主题分别撰写，撰写文案的篇幅、风格没有固定模式，但写作有一般的规律可循。

4. 营销策划方案的实施

在营销策划方案的实施阶段应做好以下两方面的工作。

（1）全面贯彻方案　经营者需要全心全意地把经过缜密研究设计出来的方案

予以全面贯彻，不能半途而废。

（2）反馈调整方案　方案不是一成不变的，它必须随着市场环境的变化而不断地调整修改。它要求营销人员时刻关注市场，搜集方案实施过程中的反馈信息，再根据反馈信息及时调整方案中不合适的部分，使之贴近市场、适合市场。

5. 效果测评

效果测评可分为阶段性测评和终结性测评。阶段性测评是指在方案实施过程中对前一阶段实施的效果进行测评，并为下一阶段提供方向和指导。终结性测评是指在方案实施完毕后，进行总结性测评，以便了解整个方案的实施效果。

以上为营销策划的一般程序，当然它不是一成不变的，可根据具体情况的不同做出适当的变化。

总之，营销策划的程序可以按照下图几个步骤进行。

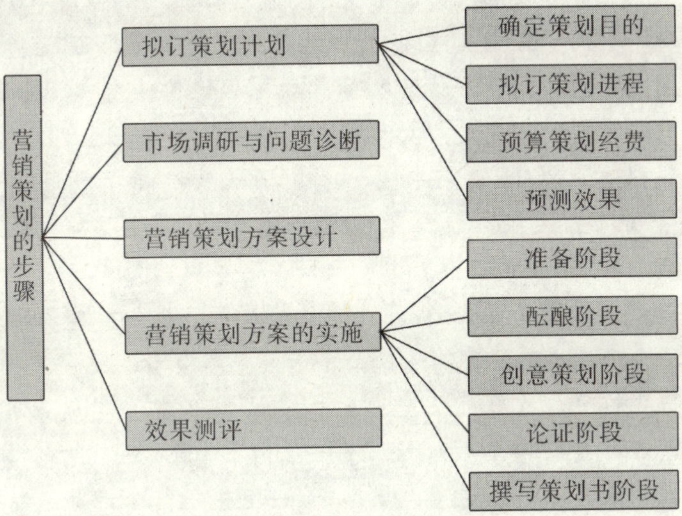

营销策划的步骤示意图

案例——蒙牛的飞天策划

在“神舟五号”升空之前，世界上发射过载人飞船的国家只有两个：苏联和美国。两个超级大国在冷战年代，用载人飞船震撼了世人。现在，中国，一个第三世界的国家，开始踏足载人航天，这自然吸引了全球的眼光。国内外的媒体都在竞相关注着“神舟五号”。如果将“神舟五号”与营销进行捆绑，并且将其垄断，无疑是一次空前绝后的机会。

1. 紧扣产品核心优势和品牌核心价值

品牌营销活动不仅仅瞄准顾客，还瞄准广大的社会公众。因此，经营者的一切公关活动应该紧扣自己产品的核心优势和这个优势可给予消费者的核心价值，即品牌的核心价值。

蒙牛产品来自蒙古大草原，具有远离污染、贴近自然的优势，所以“健康奶”是它给一般消费者印象最为深刻的地方。不仅如此，蒙牛产品源自更科学的工艺配方，既保证口味、卫生，更保证了人们喝奶时最希望获得的营养和健康。蒙牛希望借助“神舟五号”的宣传，推广其“健康是强国之路”的品牌主张。“神舟五号”载人航天，在中华民族发展史上是开天辟地的大事，“神舟五号”上天又说明中国已经强大起来了；因此，蒙牛将口号定为“蒙牛牛奶，强壮中国人”，即体现蒙牛作为民族品牌为中国的航天事业尽心尽力的表率，又为蒙牛牛奶作为“航天员专用牛奶”做宣传；另一口号“举起你的右手，为中国喝彩”同“蒙牛牛奶，强壮中国人”的品牌信息紧密结合，由此树立起一个具有民族内涵的品牌形象，从而提升蒙牛的品牌魅力。与这一大事件进行捆绑，有助于蒙牛建立起一个鲜明的“健康奶”的品牌印象。对于蒙牛来说，紧扣了产品的核心优势和品牌的核心价值，增大了品牌的知名度，升华了品牌的美誉度，确实是一次千载难逢的搭载机会。

现在人们都知道2003年蒙牛成为“中国航天员专用乳制品”。事实上，早在2001年，蒙牛就已经和航天部门订下合作协议，中国航天城里的航天员就开始饮用蒙牛牛奶。

中国首批航天员候选者共14人，个个都是万里挑一的空军精英、现役歼击机飞行员。在中国，数百名军人中，才选拔一名空军；数百名空军中，才选拔一名战斗机飞行员；数百名战斗机飞行员中，才选拔一名航天员候选人。对航天员来说，关键时刻体重增加或减少一公斤，往往会影响到他们的职业生涯。尽管航天城里的食品也是“万里挑一”，但牛奶这个产品太特殊了，它有双重功效：既增体能，又保体型。中国载人航天工程的专家们对牛奶分外重视，对蒙牛的乳制品“从市场到工厂，从工厂到牧场，最后从牧场回到现场”。

为了将“中国航天事业合作伙伴”这一荣誉争取到手，孙先红先后四五次赶到北京与航天部门接洽，并多次组织航天载人工程研究所的专家到蒙牛考察，考察过程非常仔细，包括公司的奶源、生产设备、市场流通等环节，并进行多次物理、化学、微生物学的分析。最后经中国载人航天工程严格筛选、检验、认证，认定蒙牛乳制品符合航天员专用标准，2003年4月蒙牛乳制品被确定为中国航天员专用乳制品。

蒙牛虽然被确定为“中国航天员专用牛奶”，但也有限制，即这一信息在“神舟五号”载人飞船成功发射直到航天员顺利返回地面之前，不得对外宣传。对蒙牛来说这并非一件坏事，“不鸣则已，一鸣惊人”，等限制解除的那一刻，就是“爆炸式”信息传播之时，对消费者来说更具冲击力。

2. 娴熟的营销策划技巧

在“神舟五号”飞天前几个月，蒙牛就已经开始运作，从创意、拍片到媒介计划和购买进行得比较从容。所以“神舟五号”早上7点刚一成功落地，蒙牛的广告9点就发布了。如果没有前期的紧密筹备，中央电视台广告部的大力支持，肯定无法在第一时间与飞船“对接”。

在这次蒙牛的事件行销全过程中，蒙牛具体执行策划的过程充分把握住了执行力的精髓。

与航天部门签订合作协议，作为此次活动负责人的孙先红就开始着手酝酿计划，并希望花最低的成本，达到最大的传播效果。

6月下旬到7月上旬，向全国知名广告公司及知名策划人分别发出《方案征集书》。征集书阐明，“航天员专用牛奶”告知方案共分四个单元：①电视广告创意方案；②户外广告推广方案及终端POP创意方案；③大型活动策划方案；④新闻报道推广方案。每个单元都将选择一家优胜者作为合作伙伴。不排斥一个合作伙伴同时执行两个单元的情况，也不排斥两个合作伙伴一起执行同一单元的情况。

到7月中旬，应征公司已达31家。为了确保公正、确保质量、确保不漏掉“千里马”，“伯乐”的选择也颇费心思：12位评委中，公司领导及市场负责人占了6席，其余6席全部为外聘专家——IBM品牌咨询专家3位，仁慧特乳业专家1位，内蒙古广告专家2位。根据应征公司的实力及提案质量，最终选定15家公司入围比稿。

接着，孙先红从国内90多家优秀广告公司中筛选了六七家各有所长的广告代理商，要求这些代理商派遣专人与蒙牛公司的工作人员组成策划组，花费两个月的时间进行总体策划，并早早制作好了电视广告和平面广告，在10月1日前全部准备完毕。

3. 决策力与执行力的完美结合

2003年10月16日早上7点“神舟五号”一落地，门户网站第一时间出现了蒙牛的广告，9点左右蒙牛在中央电视台的广告成功启动。中午12点所有电视广告、路牌广告也都相继在北京、广州、上海等城市实现了“成功对接”，全国30多个城市的候车厅被蒙牛的广告占据。蒙牛的所有户外广告做了四个版本：女性版面、男性版面、儿童版、老人版，同时，印有“中国航天员专用牛奶”标志的蒙牛牛奶相继出现在全国的各大卖场。

“蒙牛牛奶，强壮中国人”和“蒙牛牛奶，航天员专用牛奶”的口号，仿佛一夜间充斥着整个城市的大街小巷；杨利伟和蒙牛都吸引了所有媒体的注意，可以说蒙牛这一次赚足了社会公众的眼球。从2004年1月起，蒙牛液体奶销量已经连续30个月居全国奶类销量之冠。

户外广告制作了两个版本。

第一版：绿色背景。身着银色宇航服的消费者，脸上露出灿烂的微笑。颈周对接头盔的金属圆槽清晰锃亮，胸前露出半截头盔。右臂曲举似宣誓状，臂弯竖着一袋蒙牛牛奶，收手处，两行天蓝色斜行大字“举起你的右手，为中国喝彩”。斜行文字下方，蓝底反白的“标签文”借机诉说“中国航天员专用牛奶”。左上角，航天员专用产品图标遥相呼应，像一轮镶了蓝边的月亮，挂在天边。这一版计划在第一时间发布。“神舟五号”返回舱一落地，“为中国喝彩”就闪亮登场。早在2003年2月，蒙牛市场企划中心就提出了《为中国喝彩》的策划预案，蒙牛过去一直以“为内蒙古喝彩”为主题（户外广告），现在“为中国喝彩”顺理成章，是“蒙牛——中国牛——世界牛”品牌战略的自然延伸。这是蒙牛人与全国人民的一次心理共振、情感共鸣。

第二版：与第一版相似，只是将“举起你的右手，为中国喝彩”更换为“蒙牛牛奶，强壮中国人”。这一版中，“强壮”是出色之处。这里的“强壮”是一个双关语，不单指肉体，也不单指个体，“一杯牛奶强壮一个民族”已经在人群中广泛流传，借用“强壮”一词，可以有效地继承这一无形资产；牛奶是最接近完美的食品，含有丰富的钙质，的确能够强壮身体，“喝牛奶，长个头”（对青少年而言），这已经是一种共识。

为了让各阶层消费者都有亲切感，每版户外广告又做了四个子版：女性版、男性版、儿童版、老人版。

电视广告主要制作了两个版本。第一个版本是30秒的《宇宙飞船发射》篇。该篇抓住孩子们想当航天员的梦想，以蒙牛牛奶为补给，通过“发射——补给——对接”，幻化了一场饱含情趣的家庭游戏。通过蒙牛牛奶与航天员之间的关联暗示，强化了核心诉求点：航天员专用牛奶。第二个版本是《未来希望篇》。本篇以“您的孩子，可能是下一个航天员”立意，力图拍成“既抓孩子‘顶天立地’的心，又抓父母‘望子成龙’的心！”

关于“航天员专用牛奶广告”，蒙牛制作了户外型、影视型、网络型、报纸型、终端型等。无论哪个版本，要想达到“形散神不散”的效果，就需要确定一些“奠基元素”，即人——消费者（航天员的替身），物——牛奶，事——航天员专用，景——草原（既是蒙牛的家园，也是“神舟五号”的起落地）。

中国首次载人航天的成功让人们记住了“神舟五号”，记住了“杨利伟”，同时也记住了“蒙牛”。在“神舟五号”成功落地后几个小时内，蒙牛就将自己的广告铺盖到全国30多个城市的大街小巷，而蒙牛的电视广告也出现在了全国几十家电视台的节目中。靠着完善的计划和敏捷的反应，蒙牛的这次广告营销大获全胜。“蒙牛牛奶，航天员专用奶”“健康才能强国”，这些如今已经家喻户晓的广告语使得蒙牛支持中国航天事业的形象也已经在普通人脑海中成形，大大提高了产品的知名度与美誉度，在中华大地再一次树立了企业的良好形象。

受载人航天精神的鼓舞，整个蒙牛团队都充满了一种奋发向上、积极进取的精神风貌。这一年，蒙牛销售额达到51亿元人民币。

这一年，蒙牛更是载誉而归。“蒙牛航天事件营销”被评为“中国十大广告运动”之一。“蒙牛牛奶成为中国航天员专用牛奶”新闻传播活动，被评为“中国广告业十大新闻”之一。总策划人孙先红本人被评为“中国十大营销操盘手”之一。2004年10月27日，中国最高规格广告奖项——中国艾菲奖经过三天案例评选，谜底在成都最终揭晓，蒙牛牛奶航天员系列广告一举夺得金奖。在航天事件营销中独具慧眼的决策人牛根生，在2004年召开的“中国第二届策划大会”上被授予“中国策划最高奖”。

案例解析

蒙牛此次营销事件的成功，无疑是蒙牛的高瞻远瞩之略，在乳业市场为“中国牛”的强壮注射了兴奋剂，先声夺人，为其将来渐入佳境的乳业市场奠定品牌基础，为将来市场的品牌之争蓄力；此次携“神舟五号”之势再次加深消费者对“蒙牛”的记忆，同时以“为中国航天喝彩”“健康才能强国”的主题情感诉求再次丰富了“蒙牛”的品牌内涵。

学习任务2　怎样编制农产品市场营销策划书

一、营销策划书概述

营销策划书，是对创意后形成的概要方案加以充实、编辑，用文字和图表等形式表达出来所形成的系统性、科学性的书面策划文件。它是经营者根据市场变化和自身实力，对其产品、资源及产品所指向的市场进行整体规划的计划性书面材料。

所谓“人要衣装，佛要金装”，一份条理清晰、版面活泼的营销策划书，对于提高说服力和接受度有极大的帮助。更为重要的是它能帮助经营者更好地实现预期目标和发展规划。

营销策划书没有固定的格式，但却有必备的项目或条件，以及构思、表现等方面的技巧。市场营销策划书准确、完整地表现营销策划的内容，是准确地传达策划者的真实意图。作为一份合格的营销策划书，首先要做到使阅读者相信，在此基础上再使阅读者认同，并按营销策划的内容去实施营销方案。

营销策划书大体上包括以下八大因素：策划内容；策划的相关人员；实施场所；实施时间；策划缘由、背景；策划方法和运转实施；策划预算；预测策划结果、效果。其中方法、预算和预测是策划书区别于计划书和其他报告的三个最显著的特征。

二、营销策划书的基本内容及要求

营销策划书一般包括策划基础部分和行动方案部分。

1. 策划基础部分

策划基础部分主要是对经营者营销背景、市场环境进行分析。具体视策划内容而异，具有共性的内容有以下方面。

（1）宏观环境分析，包括政策法律因素分析、经济因素分析、技术因素分析、社会文化因素分析等。

（2）微观环境分析，包括竞争对手营销战略及状态分析，经营者内部优劣势分析等。

（3）经营者概况分析，包括经营者的历史情况、现实生存状况及未来发展设想等。

（4）对调查材料的分析，包括经营者目标市场需求行为调查，购买者购买力调查，购买行为方式调查，经营者适应市场需要状况的调查，经营者的影响力、知名度、满意度的调查等。

2. 行动方案部分

行动方案部分主要是对经营者营销活动的范围、目标、战略、策略、步骤、实施程序和安排等进行设计。就策划的指导思想而言，主要谋划以下两个方面的内容。

（1）如何确定目标市场，包括市场细分、市场定位（包括对产品的市场定位和对经营者的市场定位）、目标市场的选择与确定等。

（2）如何占领目标市场，包括产品策略（新产品开发、产品改良、品牌包装等策略）、价格策略（价格制定、价格变动策略）、渠道策略（分销渠道的选择）、促销策略（商业广告、人员推广、营业推广、公关活动等方面的策略）。

营销策划文案构成的这两部分是相辅相成、前因后果的关系。基础部分为行动方案部分做铺垫，行动方案的内容不能脱离基础部分提供的前提，否则就成了无源之水、无本之木。

对营销策划文案基础部分的要求是：分析要准确，材料要厚实。对原始材料的处理必须实事求是，丁是丁，卯是卯，不能随意胡诌，不能任意编造或夸大、缩小。同时，选用的素材要充分，要为行动方案的形成提供充足的、必要的条件。

对营销策划文案行动方案部分的要求是：具有明确的针对性、强烈的创新意识、切实的可行性。

没有针对性或针对性不强的行动方案是无益于经营者的。那种靠某种模式、某种套路去套各类不同的经营者的所谓策划行为是不负责的行为，是欺诈行为。任何方案的提出必须根据不同经营者的不同情况，无论经营者情况如何而一味用固有的、陈腐的、唯一的套路去套用的“策划”，只不过是在制造信息垃圾，不仅不利于经营者的发展，有的还会带来负面效应。经营者应拒绝这类“策划”。

策划成果的价值贵在创新，只有体现创新意识，具有创新精神的成果才最可贵。策划的创新重在策划人思路的创新、运用的知识创新、营销的内容与技巧手段的创新。成功的策划文案要给人耳目一新的感觉，给人智慧的启迪和精神的振奋。

策划文案的可行性主要是体现在适合经营者的实际上，即这些方案不是空穴来风，不是为了束之高阁供欣赏，而是为了推动经营者的发展、为了付诸行动有所收益。文案中的目标一定是通过努力可以达到的，文案中的措施一定是经营者可以且有能力实施的。

三、营销策划书的编制原则

为了提高策划书撰写的准确性与科学性，应首先把握其编制的几个主要原则。

1. 实事求是原则

由于策划书是一份执行手册，如果说策划书还能运用高深的理论和各种模型去深入论述的话，策划案就必须务实，使方案更符合经营者条件的实际、员工操作能力的实际、环境变化和竞争格局的实际等。这就要求在设计策划案时一定要坚持实事求是的科学态度，在制定指标、选择方法、划分步骤的时候，要从主客观条件出发，尊重员工和他人的意见，克服设计中自以为是和先入为主的主观主义，用全面的、本质的、发展的观点观察认识事物。

2. 严肃规范原则

严肃规范原则就是要求人们在设计策划书时一定要严格地按照策划书的意图和科学程序办事。策划案是为策划书的开发利用寻找方法、安排步骤、制定规划的。它的出台，是策划人依据策划的内在规律，遵循操作的必然程序，严肃认真、一丝不苟，精心编制而成的。因此，在拟定策划案过程中，切忌粗制滥造。严肃性原则还表现在，一个科学合理的策划案被采纳之后，在实际操作过程中，任何人不得违背或擅自更改。

3. 简单易行原则

简单易行原则就是要求人们在设计策划书时一定要做到简单明了、通俗易懂、便于推广、便于操作。任何一个方案的提出，都是为了能够在现实中能够容易操作，并通过操作过程达到预定的目的。为此，在策划案各要素的安排和操作程序的编制上，要依据主客观条件，尽量化繁为简、化难为易，做到既简便易行，又不失其效用。

4. 灵活弹性原则

灵活弹性原则就是要求人们在设计策划书时一定要留有回旋余地，不可定得太死。当今是高速发展的时代，策划案虽然具有科学预见性的特点，但它毕竟与现实和未来存有较大的差距，因此，它在实施过程中难免会遇到突如其来的矛盾、意想不到的困难。例如，资金未到位、人员没配齐、物资不齐全，时间更改、地点转移、环境变化等。这些因素我们必须估计到，提出应变措施，并能渗透到方案的各环节之中。一旦情况出现，便可及时对已定方案进行修改、调整。这样，既保证了原有意图在不同程度上得以实现，又避免了因策划案的夭折而造成重大损失。

5. 逻辑思维原则

商品策划目的在于解决经营者营销中出现的问题，制定解决方案，按照逻辑性思维的构思来编制策划书。首先是了解经营者的现实状况，描述进行该策划的背景，分析当前市场状况及目标市场，再把策划中心目的全盘托出；其次是详细阐述策划内容；再次是明确提出解决问题的对策；最后是预测实施该策划方案的效果。

6. 创意新颖原则

商品策划方案应该是一个“金点子”，也就是说要求策划的“点子”（创意）要与众不同、内容新颖别致，表现手段也要别出心裁，给人以全新的感受。新颖、奇特、与众不同的创意是商品策划书的核心内容。

小知识　营销策划书为谁写

营销策划书90%不是为自己写的。因为我们在思考问题时，往往只根据自己的知识和掌握的资料得出最终的结论，而不是将整个思路整理成策划书。

营销策划书是一种说服性材料，它通过使人信服的材料为提案者和接受方在营销策划的实施中提供了通用的语言。

营销策划书的作用：为了实现自己的目的而说服周围的人；通过策划书来实现别人的目的。

营销策划书的目的：未来理想和价值观的努力对象。

营销策划书的目标：为了实现具体的目的而设定的直接对象。

为了实现目的，必须设定若干个目标。如果忘记这一点，一口气冲向目的，便会遇到挫折。目的是超越时间的概念，但是很多策划人往往把目的当成目标，这样在目的不能很快实现的情况下，就会使策划人产生挫折感。

如果没有明确的目的，仅仅在当前的目标周围打转，就会为别人或别的经营者创造向下一个目标和目的前进的机会。因此，将目的与目标混淆是非常危险的。

四、营销策划书的格式

营销策划书没有一成不变的格式，它依据产品或营销活动的不同要求，在策划的内容与编制格式上也有变化。但是，从营销策划活动一般规律来看，其中有些要素是共同的。营销策划书的基本结构可分为以下十项。

1. 封面

封面是营销策划书的脸面，会影响阅读者对营销策划书的第一印象，因此不能草率从事。好的封面，要与策划书的内容相适应，既不要过于奢华，给人一种华而不实的感觉；又不要粗制滥造，让人觉得整个策划书出于一个“草台班子”之手。规范的封面，一般应提供以下信息：①策划书的名称；②被策划的客户；③策划机构或策划人的名称；④策划完成日期及本策划适用时间段；⑤编号。

2. 前言

前言或序言是策划书正式内容前的情况说明部分，内容应简明扼要，最多不要超过500字，让人一目了然。其内容主要是：①接受委托的情况，如××公司接受××公司的委托，就××年的年度广告宣传计划进行具体策划；②本次策划的重要性与必要性；③策划的概况，即策划的过程及达到的目的。

3. 目录

目录的内容也是策划书的重要部分。封面引人注目，前言使人开始感兴趣，那么，目录就务必让人读后了解策划的全貌。目录具有与标题相同的作用，同时也应使阅读者能方便地查找营销策划书的内容。

4. 概要提示

阅读者应能够通过概要提示大致理解策划内容的要点。概要提示的撰写同样要求简明扼要，篇幅不能过长，一般控制在一页纸内。另外，概要提示不是简单地把策划内容予以列举，而是要单独成一个系统，因此其遣词造句等都要仔细斟酌，要起到“一滴水见大海”的效果。

5. 正文

正文是营销策划书中最重要的部分，具体包括以下几方面内容。

（1）营销策划的目的　营销策划目的部分主要是对本次营销策划所要实现的目标进行全面描述，它是本次营销策划活动的原因和动力。

（2）市场状况分析　市场状况分析着重分析以下因素。

1）宏观环境分析。着重对与本次营销活动相关的宏观环境进行分析，包括政治、经济、文化、法律、科技等。

2）产品分析。主要分析本产品的优势、劣势、在同类产品中的竞争力、在消费者心目中的地位、在市场上的销售力等。

3）竞争者分析。分析本经营者主要竞争者的有关情况，包括竞争产品的优势、劣势，竞争产品营销状况，竞争经营者整体情况等。

4）消费者分析。对产品消费对象的年龄、性别、职业、消费习惯、文化层次等进行分析。

以上市场状况的分析是在市场调研取得第一手资料的基础上进行的。

（3）市场机会与问题分析　营销方案是对市场机会的把握和策略的运用，因此分析市场机会就成了营销策划的关键。只要找准了市场机会，策划就成功了一半。

1）营销现状分析。对经营者产品的现行营销状况进行具体分析，找出营销中存在的具体问题点，并深入分析其原因。

2）市场机会分析。根据前面提出的问题，分析经营者及产品在市场中的机会点，为营销方案的出台做准备。

（4）确定具体营销方案　针对营销中问题点和机会点的分析，提出达到营销目标的具体营销方案。营销方案主要由市场定位和营销方案组合两部分组成，具体体现两个主要问题。

1）本产品的市场定位是什么？

2）本产品的营销方案组合具体是怎样的？具体的产品方案、价格方案、分销方案和促销方案是怎样的？

6. 预算

这一部分记载的是整个营销方案推进过程中的费用投入，包括营销过程中的总费用、阶段费用、项目费用等，其原则是以较少投入获得最优效果。用列表的方法标出营销费用也是经常被运用的，其优点是醒目易读。

7. 进度表

把策划活动起止全部过程拟成时间表，具体到何日何时要做什么都标注清楚，以便在策划进行过程中进行控制与检查。进度表应尽量简化，在一张纸上拟出。

8. 人员分配及场地

此项内容应说明具体营销策划活动中各个人员负责的具体事项及所需物品和场地的落实情况。

9. 结束语

结束语在整个策划书中可有可无，主要起到与前言的呼应作用，使策划书有一个圆满的结束，不致使人感到太突然。

10. 附录

附录的作用在于提供策划客观性的证明。因此，凡是有助于阅读者对策划内容理解、信任的资料都可以考虑列入附录。但是，可列可不列的资料还是以不列为宜，这样可以更加突出重点。附录的另一种形式是提供原始资料，如消费者问卷的样本、座谈会原始照片等。附录也要标明顺序，以便阅读者查找。

五、营销策划书的撰写技巧

营销策划书和一般的报告文章有所不同，它对可信性、可操作性及说服力的要求特别高，因此，可运用撰写技巧提高可信性、可操作性及说服力。这也是策划书撰写的追求目标。

1. 寻找一定的理论依据

欲提高策划内容的可信性，并使阅读者接受，就要为策划者的观点寻找理论依据。事实证明，这是一个事半功倍的有效办法。但是，理论依据要有对应关系，纯粹的理论堆砌不仅不能提高可信性，反而会给人脱离实际的感觉。

2. 适当举例

这里的举例是指通过正反两方面的例子来证明自己的观点。在营销策划书中，适当地加入成功与失败的例子既能起调节结构的作用，又能增强说服力，可谓一举两得。这里要指出的是，举例以多举成功的例子为宜，选择一些国外先进的经验与做法，来印证自己的观点是非常有效的。

3. 利用数字说明问题

营销策划书是一份指导经营者实践的文件，其可靠程度如何是决策者首先要考虑的。策划书的内容不能留下查无凭据之嫌，任何一个论点均要有依据，而数字就是最好的依据。在策划书中利用各种绝对数和相对数来进行比照是绝对不可少的。要注意的是，数字需有出处，以证明其可靠性。

4. 运用图表帮助理解

运用图表能有助于阅读者理解策划的内容，同时，图表还能提高页面的美观性。图表的主要优点在于有强烈的直观效果，因此，用其进行比较分析、概括归纳、辅助说明等非常有效。图表的另一优点是能调节阅读者的情绪，从而有利于阅读者对策划书的深刻理解。

5. 合理利用版面安排

策划书的视觉效果的优劣在一定程度上影响着策划效果的发挥。合理利用版面安排也是策划书撰写的技巧之一。版面安排包括打印的字体、字号、字距、行距及插图和颜色等。如果整篇策划书的字体、字号完全一样，没有层次、主辅，那么这份策划书就会显得呆板，缺少生气。总之，良好的版面可以使策划书重点突出，层次分明。策划者可以先设计几种版面安排，通过比较分析，确定一种最好效果的设计，然后再正式打印。

6. 注意细节，消灭差错

细节往往会被人忽视，但是对于策划报告来说却是十分重要的。可以想象得出一份策划书中错字、漏字连续出现的话，读者怎么可能会对策划者抱有好的印象呢？因此，对打印好的策划书要反复仔细地检查，特别是对于经营者的名称、专业术语等更应仔细检查。另外，纸张的好坏、打印的质量等都会对策划书本身产生影响，所以也绝不能掉以轻心。

六、农产品市场营销策划书需要分析的四要素

1. 市场环境分析

进行市场环境分析的主要目的是了解产品的潜在市场和销售量，以及竞争对手的产品信息。只有掌握了市场需求，才能做到有的放矢，减少失误，从而将风险降到最低。以凉茶为例，凉茶一直以来为南方人所热衷，这其中有气候、饮食上的差异，因此应该将主要的营销力量集中在南方城市，如果进行错误的定位，将力量转移到北方，无论投入多大的人力财力，都不会取得好的营销效果。

2. 消费心理分析

只有在掌握了消费者会因为什么原因、什么目的去购买产品，才能制定出针对性的营销创意。当前的营销大多是以消费者为导向的，根据消费者的需求来制定产品，但仅仅如此是不够的，加上对消费能力、消费环境的分析才能使整个营销活动获得成功。脑白金能够畅销数十年，从它的广告和广告语中就能看出端倪：过节不收礼正是利用了国人在过节时爱送礼的特性，而作为保健品，两个活泼老人的形象在无形中驱使晚辈在过节时选择脑白金，相信如果换成两个年轻人在说广告语，影响力就下降很多。

3. 产品优势分析

这里的产品优势分析包括本品分析和竞品分析。只有做到知己知彼，才能战无不胜。在营销活动中，本品难免会被拿来与其他产品进行对比，如果无法了解本品和竞品各自的优势和劣势，就无法打动消费者。营销的目的也是如此，通过营销手

段，让消费者了解到本品的优势，进而产生购买欲望是营销活动中重要的环节。

4. 营销方式和平台的选择

营销方式和平台的选择既要考虑经营者自身情况和战略，同时还要兼顾目标群体的喜好。例如针对全国儿童的产品，就可以根据儿童的特点，在央视的儿童频道以动画短片的形式展现出来，这样不仅符合经营者的战略，将产品传达给全国儿童，同时能够吸引儿童的目光。

七、农产品营销策划书的内容

1. 农产品营销策划目的

要对本农产品营销策划所要达到的目标、宗旨树立明确的看点（如：提高市场占有率；扩大产品知名度；树立规模、优质、专业、服务的良好形象），作为执行本策划的动力或强调其执行的意义所在，以要求全员统一思想，协调行动，共同努力保证策划高质量地完成。

经营者营销上存在的问题纷繁多样，但概而言之，主要在以下几个方面：

（1）经营者开张伊始，尚无一套系统营销方略，因而需要根据市场特点策划出一套农产品行销计划。

（2）经营者发展壮大，原有的营销方案已不适应新的形势，因而需要设计新的农产品营销方案。

（3）经营者改革经营方向，需要相应地调整行销策略。

（4）经营者原营销方案严重失误，不能再作为经营者的行销计划。

（5）市场行情发生变化，原经销方案已不适应变化后的市场。

（6）经营者在总的营销方案下，需在不同的时段，根据市场的特征和行情变化，设计新的阶段性方案。

如：首先强调“农产品的市场营销不仅仅是经营者的一个普通产品的市场营销”，然后说明农产品营销成败对经营者长远、近期利益的影响的重要性，要求经营者各级人员及各环节部门达成共识，完成好任务，这一部分使得整个方案的目标方向非常明确、突出。

2. 分析当前的农产品营销环境状况

对同类产品市场状况、竞争状况及宏观环境要有一个清醒的认识。它是为制定相应的营销策略，采取正确的营销手段提供依据的。知己知彼方能百战不殆，因此这一部分需要策划者对市场比较了解，这部分主要分析：

（1）当前市场状况及市场前景分析。

1）产品的市场性、现实市场及潜在市场状况。

2）市场成长状况，产品目前处于市场生命周期的哪一阶段上。对于不同市场阶段上的产品，经营者营销侧重点如何，相应营销策略效果怎样，需求变化对产品市场的影响。

3）消费者的接受性，这一内容需要策划者凭借已掌握的资料分析产品市场发展前景。

（2）对产品市场影响因素进行分析　主要是对影响产品的不可控因素进行分析，如宏观环境、政治环境、居民经济条件，如消费者收入水平、消费结构的变化、消费心理等。

3. 市场机会与问题分析

农产品营销方案，是对市场机会的把握和策略的运用，因此分析市场机会，就成了农产品营销策划的关键。只要找准了市场机会，策划就成功了一半。

（1）针对产品目前农产品营销现状进行问题分析　一般营销中存在的具体问题，表现为多方面：经营者知名度不高，形象不佳影响产品销售；农产品质量不过关，功能不全，被消费者冷落；农产品包装太差，提不起消费者的购买兴趣；农产品价格定位不当；销售渠道不畅，或渠道选择有误，使销售受阻；促销方式不对，消费者不了解经营者产品；服务质量太差，令消费者不满；售后保证缺乏，消费者购后顾虑多等。

（2）针对产品特点分析优、劣势　从问题中找劣势予以克服，从优势中找机会，发掘其市场潜力。分析各目标市场或消费群特点进行市场细分，对不同的消费需求尽量予以满足，抓住主要消费群作为营销重点，找出与竞争对手的差距，把握利用好市场机会。

4. 农产品营销目标

营销目标是在前面目的任务基础上经营者所要实现的具体目标，即农产品营销策划方案执行期间，经济效益目标达到：总销售量为×××万件、预计毛利×××万元、市场占有率实现××等。

5. 农产品营销战略（具体行销方案）

（1）农产品营销宗旨　一般经营者可以注意这样几方面：以强有力的广告宣传攻势顺利拓展市场，为产品准确定位，突出产品特色，采取差异化营销策略；以农产品主要消费群体为产品的营销重点；建立起点广面宽的销售渠道，不断拓宽销售区域等。

（2）产品策略　通过对产品市场机会与问题分析，提出合理的产品策略建议，形成有效的4P组合，达到最佳效果。

产品定位。产品市场定位的关键主要是在顾客心目中寻找一个空位，使产品迅速启动市场。

产品质量。产品质量就是产品的市场生命。经营者对产品应有完善的质量保证体系。

产品品牌。要形成一定知名度、美誉度，树立消费者心目中的知名品牌，必须有强烈的创牌意识。

产品包装。包装作为产品给消费者的第一印象，需要能迎合消费者，制定使其满意的包装策略。

产品服务。策划中要注意产品服务方式、服务质量的改善和提高。

(3) 价格策略　这里强调几个普遍性原则：拉大批零差价，调动批发商、中间商积极性；给予适当数量折扣，鼓励多购；以成本为基础，以同类产品价格为参考，使产品价格更具竞争力。若经营者以农产品价格为营销优势，则更应注意价格策略的制定。

(4) 销售渠道　农产品目前销售渠道状况如何，对销售渠道的拓展有何计划，采取一些实惠政策鼓励中间商、代理商的销售积极性或制定适当的奖励政策。

(5) 促销策略　这里说的促销策略包括下面提到的几个促销原则。

1）整体性原则　制定整体营销促销策略，树立产品形象，同时注意树立公司形象。

2）长期化原则　促销产品个性不宜变来变去，多变使消费者不认识商品，反而使老顾客也觉得陌生，所以，在一定时段上应推出一致的促销方案。

3）不定期原则　配合阶段性的促销活动，掌握适当时机，及时、灵活地进行，如重大节假日等。

6. 农产品营销具体行动方案

根据策划期内各时间段特点，推出各项具体行动方案。行动方案要细致、周密，操作性强又不乏灵活性，还要考虑费用支出，一切量力而行，尽量以较低费用取得良好效果。尤其应该注意季节性产品淡、旺季营销侧重点，抓住旺季营销优势。

7. 农产品策划方案各项费用预算

这一部分记载的是整个营销方案推进过程中的费用投入，包括农产品营销过程中的总费用、阶段费用、项目费用等，其原则是以较少投入获得最优效果。

8. 销售增长预测与效益分析

该部分是对营销行动方案投入实施后的效益分析，包括农产品营销后未来1 ~5年的销售增长、利润与收益分析、现金流量分析、投资回报率等。

9. 农产品营销方案调整

这一部分是作为农产品策划方案的补充部分。在方案执行中可能会出现与现实情况不相适应的地方，因此必须随时根据市场的反馈及时对方案进行调整。

10. 策划效果分析

在营销策划书中，应对方案执行过程中所需的人力、物力、财力以及可能产生的有形和无形成本负担进行评估。同时对方案何时产生收益、产生多少收益以及方案有效收益期的长短等也必须进行评估。另外，内外环境的变化，不可避免地会给方案的执行带来一些不确定性，也就是我们说的风险，因此，当环境变化时，是否有应变措施，失败的概率有多少，造成的损失是否会危及经营者的生存等也要在策划书中加以说明。

小知识 如何撰写促销方案？

一份完善的促销活动方案分为12部分。

1. 活动目的

对市场现状及活动目的进行阐述。市场现状如何？开展这次活动的目的是什么？是处理库存？是提升销量？是打击竞争对手？是新品上市？还是提升品牌知名度及美誉度？只有目的明确，才能使活动有的放矢。

2. 活动对象

活动针对的是目标市场的每一个人还是某一特定群体？活动控制在多大范围内？哪些人是促销的主要目标？哪些人是促销的次要目标？这些选择的正确与否会直接影响到促销的最终效果。

3. 活动主题

在这一部分，主要是解决两个问题。

(1) 确定活动主题。降价？价格折扣？赠品？抽奖？礼券？服务促销？演示促销？消费信用？还是其他促销工具？选择什么样的促销工具和什么样的促销主题，要考虑到活动的目标、竞争条件和环境及促销的费用预算和分配。

(2) 包装活动主题。在确定了主题之后要尽可能地淡化促销的商业目的，使活动更接近消费者，更能打动消费者。几年前爱多VCD的“阳光行动”堪称经典，把一个简简单单的降价促销行动包装成维护消费者权益的爱心行动。

这一部分是促销活动方案的核心部分，应该力求创新，使活动具有震撼力和排他性。

4. 活动方式

主要阐述活动开展的具体方式。有两个问题要重点考虑。

(1) 确定伙伴：拉上政府做后盾，还是挂上媒体的名号来卖自己的产品？是厂家单独行动，还是和经销商联手？或是与其他厂家联合促销？和政府或媒体合作，有助于借势和造势；和经销商或其他厂家联合可整合资源，降低费用及风险。

（2）确定刺激稳度：要使促销取得成功，必须使活动具有刺激性，能刺激目标对象参与。刺激程度越高，促进销售的反应越大。但这种刺激也存在边际效应。因此必须根据促销实践进行分析和总结，并结合客观市场环境确定适当的刺激程度和相应的费用投入。

5. 活动时间和地点

促销活动的时间和地点选择得当会事半功倍，选择不当则会费力不讨好。在时间上尽量让消费者有空闲参与，在地点上也要让消费者方便，而且要事前与城管、工商等部门沟通好。不仅发动促销战役的时机和地点很重要，持续多长时间效果会最好也要深入分析。持续时间过短会导致在这一时间内无法实现重复购买，很多应获得的利益不能实现；持续时间过长，又会引起费用过高而且市场形不成热度，并降低在顾客心目中的“身价”。

6. 广告配合方式

一个成功的促销活动，需要全方位的广告配合。选择什么样的广告创意及表现手法？选择什么样的媒介宣传？这些都意味着不同的受众抵达率和费用投入。

7. 前期准备

前期准备分三块：人员安排、物资准备、试验方案。在人员安排方面要“人人有事做，事事有人管”，无空白点，也无交叉点。谁负责与政府、媒体的沟通？谁负责文案写作？谁负责现场管理？谁负责礼品发放？谁负责顾客投诉？要各个环节都考虑清楚，否则就会临阵出麻烦，顾此失彼。在物资准备方面，要事无巨细，大到车辆，小到螺丝钉，都要罗列出来，然后按单清点，确保万无一失，否则必然导致现场的忙乱。尤为重要的是，由于活动方案是在经验的基础上确定，因此要进行必要的试验来判断促销工具的选择是否正确，刺激程度是否合适，现有的途径是否理想。试验方式可以是询问消费者，填调查表或在特定的区域试行方案等。

8. 中期操作

中期操作主要是活动纪律和现场控制。纪律是战斗力的保证，是方案得到完美执行的先决条件，在方案中应对参与活动人员各方面的纪律做出细致的规定。

现场控制主要是把各个环节安排清楚，要做到忙而不乱，有条有理。同时，在实施方案过程中，应及时对促销范围、强度、额度和重点进行调整，保持对促销方案的控制。

9. 后期延续

后期延续主要是媒体宣传的问题，对这次活动将采取何种方式在哪些媒体进行后续宣传？脑白金在这方面是“高手”，即使一个不怎么成功的促销活动也会在媒体上宣传得盛况空前。

10. 费用预算

没有利益就没有存在的意义。对促销活动的费用投入和产出应做出预算。当年爱多 VCD 的“阳光行动 B 计划”以失败告终的原因就在于没有在费用方面进行预算，直到活动开展后，才发现这个计划公司根本没有财力支撑。一个好的促销活动，仅靠一个好的“点子”是不够的。

11. 意外防范

每次活动都有可能出现一些意外。例如，政府部门的干预、消费者的投诉，甚至天气突变导致户外的促销活动无法继续进行等。必须对各个可能出现的意外事件做必要的人力、物力、财力方面的准备。

12. 效果预估

预测这次活动会达到什么样的效果，以利于活动结束后与实际情况进行比较，从刺激程度、促销时机、促销媒介等各方面总结成功点和失败点。

以上 12 部分是促销活动方案的一个框架，在实际操作中，应大胆想象，小心求证，进行分析比较和优化组合，以实现最佳效益。有了一份有说服力和操作性强的活动方案，才能让经营者支持自己的方案，也才能确保方案得到完美的执行，使促销活动起到“四两拨千斤”的效果。

案例——品牌营销策划下的仲景香菇酱

仲景香菇酱之所以能够走俏市场，是因为在好产品的基础上，在专业的品牌营销策划公司——福来的策划下，产品推广采用了“三到”模式。河南是仲景香菇酱营销第一战场，必须树立营销团队和消费者信心。针对香菇酱的特性，福来为仲景香菇酱量身打造看得到、尝得到、买得到的“三到”推广模式。

1. 看得到

媒体做少。聚焦重点，靶向投放。聚焦春节黄金档，战略性上央视。与河南卫视王牌栏目《梨园春》展开深度战略合作，通过赞助、贴片、植入等形式，用足用透这一河南收视制高点。牵手食品行业《糖烟酒周刊》《新食品》，展开战略合作，打造渠道品牌。

户外做巧。围绕重点终端有针对性投放户外广告。采取“大卖场 + 交通要道 + 主要商业街 + 批发市场”投放策略。在南阳和西峡，硬是将户外广告牌做到市、县政府正对面，这样时刻提醒有关领导，这可是咱家乡特产，记得多多推荐。

终端做好。大卖场终端媒体化：甄选一批大卖场，投放堆头、包柱、吊旗、DVD、配备专职促销员等，进行系统化、多样化、媒体化包装，将其打造成仲景香菇酱的品牌宣传阵地。小连锁、社区店单一物料规模化投放。2010年春节前，10万个小气球投放郑州市场，一下子在人流攒动的大商场及户外形成一道香菇酱品牌风景线。

网络做妙。主要通过置顶、加精把话题贴排到论坛首页。《西安宝马女狂奔600里，只为小小一瓶酱》《河南美食新三样，烩面、胡辣汤、香菇酱!》《一天一瓶酱，谁来帮我养女友》等话题吸引了很多网民关注。开通仲景香菇酱官方微博，通过不同的形式展开网络互动。

2. 尝得到

用产品卖产品，用体验做营销。针对仲景香菇酱良好的口感和质感，福来提出把试吃作为一种战略手段。通过在大卖场、社区、学校、写字楼（派发品尝装）的品尝活动，让更多的消费者吃起来。

这里强调一点，试吃在快速消费品行业并不新鲜，但是仲景香菇酱却做得与众不从：统一的促销物料、统一的人员形象、统一的促销话术，经营者真正做到了试吃规模化、标准化、持续化。

抓住家长心理，从孩子入手，充分保证品尝率、购买率和回头率，把家庭消费带起来，口碑传播动起来。

千张包香菇酱并用牙签试吃的方式，演绎成仲景香菇酱的一种新吃法，并成为很多家庭餐桌的一道菜。

香菇酱用事实说明，体验营销在食品行业是一种非常重要的战略手段。

3. 买得到

除了在大卖场、连锁超市、批发市场、便利店等进行全面铺货，更重要的是开辟了名烟名酒店、特产礼品店、热门旅游景点等特殊渠道，最大化地保证了产品的终端可见率。

同时，仲景香菇酱高度重视网络渠道建设，构建了天猫旗舰店 + 网络渠道联盟 + 网络促销联盟的全网络渠道布局。大卖场、流通、特通、网络的全渠道策略既顾全了中原市场消费，又兼顾了全国。仲景香菇酱还没出家门，已经香遍全国。

也许不久，随着全国市场逐渐铺开，在中国调味酱市场一个知名品牌将会诞生。

（资料来源：http：//www.flyteam.com.cn/）

思考与练习

1. 基本概念

   营销策划

   营销策划书

2. 简述题

   简述营销策划的特点。

   简述营销策划的基本原理。

   简述营销策划的方法。

   简述营销策划的程序。

   简述营销策划书的格式。

   简述营销策划书的撰写技巧。

3. 思考题

   编制某种农产品的营销策划书。

主要参考文献

[1] 安玉发，张娣杰. 告别卖难：农产品流通与营销实务［M］. 北京：中国农业出版社，2011.
[2] 陈国胜. 农产品营销［M］. 北京：清华大学出版社，2010.
[3] 陈国胜. 农产品营销［M］. 2版. 北京：清华大学出版社，2014.
[4] 郭国庆. 市场营销学通论［M］. 北京：中国人民大学出版社，2005.
[5] 胡浪球. 管理丛书：农产品营销实战第一书［M］. 北京：企业管理出版社，2013.
[6] 胡月英，张德化，张国宝. 特种农产品营销实用技术［M］. 合肥：安徽大学出版社，2014.
[7] 李崇光. 农产品营销学［M］. 2版. 北京：高等教育出版社，2010.
[8] 李季圣. 农产品营销理论与实务［M］. 北京：中国农业大学出版社，2005.
[9] 刘烨. 马斯洛的人本哲学［M］. 呼和浩特：内蒙古文化出版社，2008.
[10] 理查德·库尔斯，约瑟夫·乌尔. 农产品市场营销学［M］. 9版. 孔雁译. 北京：清华大学出版社，2006.
[11] 马骏，李变荣. 农产品营销案例解读［M］. 北京：高等教育出版社，2011.
[12] 农业部农民科技教育培训中心. 农产品市场营销［M］. 北京：中国农业出版社，2009.
[13] 乔娟. 市场营销学［M］. 北京：中国农业大学出版社，2004.
[14] 石晓华. 农产品市场营销［M］. 北京：中国农业科学技术出版社，2015.
[15] 吴建安. 市场营销学［M］. 北京：高等教育出版社，2004.
[16] 夏凤，石林. 农产品营销实务［M］. 北京：清华大学出版社，2014.
[17] 杨伟民，胡定寰. 怎样做好家庭农场［M］. 北京：中国农业科学技术出版社，2014.
[18] 中华人民共和国统计局. 中国统计年鉴（2013）［M］. 北京：中国统计出版社，2013.
[19] 朱京燕. 农产品营销实务［M］. 北京：中国农业大学出版社，2013.
[20] 张鸿. 营销策划［M］. 北京：科学出版社，2014.

